Suzanne Szasz Körpersprache der Kinder

Suzanne
Szasz

Körpersprache der Kinder

mit
einem Vorwort
von
Dr. Benjamin
Spock

Gustav Lübbe
Verlag

Aus dem Amerikanischen
von Christiane Trabant-Rommel

Titel der Originalausgabe:
The Body Language of Children
Originalverlag: W. W. Norton & Co. Inc. New York

by arrangement with Photo Editors Inc.
60 East 56th St., New York N.Y. 10022
Schutzumschlag: Ralf Rudolph
Layout: Ansgar Barth
Satz: Klever Repro Fotosatz, Bergisch Gladbach
Druck, Einband: Richterdruck, Würzburg

Printed in Germany
ISBN 3-7857-0233-7

Ich möchte mehreren Personen danken, die mir bei verschiedenen Aspekten dieses Buches geholfen haben: der Entwicklungspsychologin Dr. Elizabeth Taleporos, die ihr Wissen und ihr Verständnis begeistert in die Fotografien eingebracht hat; Dr. Lutz-W. Wolff, dem Lektor, der für die deutsche Ausgabe dieses Buches verantwortlich ist; Anna W. M. Wolf, Lektorin für Pädagogik, der ich für unsere Jahre der Zusammenarbeit bei Bildgeschichten über kindliche Probleme Dank schulde. Unsere Arbeit resultierte in einem Buch, Helping your Child's Emotional Growth, und in der Illustration der Child Care Encyclopedia der Child Study Association.

Am meisten aber habe ich den Familien zu danken, die mir erlaubt haben, Einsicht in ihr Leben zu nehmen, und ihre privaten Gefühle und Handlungen zu fotografieren.

Dieses Buch ist der liebevollen Erinnerung an Frau Dr. Dora Hartmann gewidmet, die mich ermutigt hat, mich selbst kennenzulernen und mir selbst zu vertrauen.

Vorwort

von Dr. med. Benjamin Spock

Dieses Buch, das aus 192 anschaulichen Fotografien und Interpretationen besteht, begeistert und bewegt mich. Wer Kinder liebt – oder auch nur bestimmte Kinder liebt – dem wird es ebenso ergehen. Wenn wir – Sie oder ich – unsere Kinder fotografieren, warten wir meistens auf einen Moment, in dem sie gerade lachen. Oder wir schneiden Gesichter und machen komische Geräusche, um sie zum Lachen zu bringen. Wir wollen, daß sie in die Kamera und auf uns schauen. Und dann sagen wir, wir finden sie niedlich.

Ich nehme an, dahinter steckt der Wunsch, daß unsere Kinder ständig glücklich sein sollen, wie unrealistisch das auch sein mag. Später wollen wir uns daran erinnern können, daß unser Verhältnis immer ungetrübt war. Wir möchten, daß die Kinder glücklich aussehen, wenn wir lieben Verwandten und Freunden die Bilder vorführen.

Der Wunsch nach einem fröhlichen Gesichtsausdruck findet sich teilweise auch in unserer Haltung gegenüber unseren erwachsenen Freunden. Wenn wir sie fotografieren, sollen sie »cheese« sagen. Und die Kandidaten für öffentliche Ämter – vom Präsidenten bis zum Hundefänger – haben ebenfalls das Gefühl, auf Zeitungsfotos immer lächeln zu müssen, um Vertrauen und Stimmen zu gewinnen.

Um es schärfer zu formulieren: Wir scheinen negative Gefühle wie Wut, Angst, Eifersucht und Trauer vergessen und verleugnen zu wollen und sind deshalb bemüht, sie aus unseren Abbildern zu verbannen. Vielleicht verbirgt sich dahinter – unbewußt und etwas abergläubisch – der Versuch, unsere Kinder und unsere Freunde durch Magie vor schmerzlichen Gefühlen zu schützen.

Wenn wir aber in unseren Fotos von der Fröhlichkeit abgesehen alle Stimmungen ignorieren, verzichten wir auf wesentliche Aspekte der kindlichen Persönlichkeit und auf wesentliche Erfahrungen, die unsere Kinder machen. Aspekte, aus denen wir lernen könnten, solange unsere Kinder noch klein sind, Aspekte, die eine faszinierende Erinnerung wären, wenn wir die Fotografien später betrachten.

Suzanne Szasz richtet ihr Objektiv nicht ausschließlich oder auch nur vornehmlich auf niedlich lächelnde Säuglinge und Kleinkinder, obwohl sie diese ganz offensichtlich auch mag. Sie gibt sich Mühe, die größtmögliche Breite von kindlichen Persönlichkeiten und Stimmungen zu entdecken. Und sie fängt sie in einigen der dramatischsten Momente frühkindlicher Erfahrung ein: die erste Begegnung einer Dreijährigen mit dem Neugeborenen, ein heftiger Streit zwischen zwei Kindern, eine Auseinandersetzung der Eltern, die vom Kind gebannt beobachtet wird, ein freches Mädchen, das der Fotografin die Zunge herausstreckt.

Suzanne Szasz versteht es nicht nur, Kinder geschickt zu fotografieren. Sie interpretiert auch äußerst sensibel ihre Gefühle. Sie hat mit Fachleuten auf dem Gebiet der kindlichen Entwicklung und der Heilpädagogik zusammengearbeitet. Aber die klugen Beobachtungen, wie Kinder ihre Gefühle durch Mimik und Bewegungen ausdrücken, sind ihre ganz persönliche Leistung. Durch das Studium von Tausenden von eigenen Fotografien hat sie dieses Wissen vertieft.

Sie gibt Beispiele universaler Gesten: die gerunzelten Brauen, die hochgezogene Schulter, die Hand, die den Kopf berührt, die nach oben gedrehte, offene Handfläche, die Frage oder flehende Bitte ausdrücken kann.

Sie illustriert, wie genau Kinder die Eigenheiten ihrer Eltern nachahmen können, manchmal mit subtilem Spott.
Suzanne Szasz konnte ihre bemerkenswert freimütigen Bilder nur dadurch aufnehmen,

daß sie sich leise, unauffällig und mit so wenig Ausrüstung wie möglich bei den Kindern aufhielt, bis diese sie als Teil ihrer normalen Umgebung akzeptierten.

Der Wert dieses Buches besteht nicht nur darin, daß es uns freundlich auf die Kinder reagieren läßt. Suzanne Szasz lehrt uns mit ihren Bildern, sensibler zu werden und die Gefühle unserer Kinder und was sie uns durch ihre Mimik und ihre Bewegungen sagen bewußt wahrzunehmen. Um es noch klarer auszudrücken: Sie hilft uns, die Blindheit zu überwinden, in die die meisten von uns Eltern den Gefühlen unserer Kinder gegenüber hineingeraten. Wir nehmen ihre körperlichen Krankheitssymptome empfindsam wahr. Sehr schnell bemerken wir, wenn sie der Gefahr zu nahe kommen – Stürze, Feuer, Verkehrsunfälle. Wir beobachten ständig ihr Verhalten, um sicherzugehen, daß sie auch »ordentliche Menschen« werden. Aber bei all diesen besorgten Bemühungen neigen wir doch dazu, ihre tieferen Gefühle zu übersehen, zum Schaden unserer Beziehung zu ihnen.

Suzanne Szasz braucht die jeweiligen Bedeutungen von Gesichtsausdruck und Körperhaltung der Kinder auf ihren Fotografien nicht zu erraten. Sie war lange genug mit ihnen zusammen, um sie selbst und ihre Lebensumstände kennenzulernen. Einige von ihnen beobachtete sie über mehrere Jahre hinweg.

Auf bestimmte Bilder habe ich besonders stark reagiert: Elizabeths Kuscheldecke mußte gewaschen werden, aber sie hat sie im Waschbecken gefunden und preßt sie sich – tropfnaß – ans Gesicht, wobei sie verträumt an den Fingern lutscht. Zwei kleine Mädchen sitzen vor dem Fernsehapparat, und in ihren Gesichtern und ihren Körpern spiegelt sich quälende Angst. Nach einem spannungsreichen Moment im Kasperletheater beobachten wir in einer Gruppe von Kindern den Wechsel von Angst zu erlöster Ausgelassenheit. Mit ernster Miene macht sich ein Baby daran, eine Blume zu essen. Unerklärlich ist der Mutter, warum die einjährige Melissa stocksteif steht und eine Schnute macht, bis sich herausstellt, daß sie zum ersten Mal einen Rasen betreten hat und das Gefühl sie erschreckt. Chrissy sitzt auf der Toilette und ruft ins Nebenzimmer, daß sie nun fertig ist (und saubergemacht werden möchte). Der anderthalbjährige Edward hebt die Hände und schürzt die Lippen, um zu zeigen, daß er kein Gemüse mehr will. Sheila benutzt den Arm, um die Mutter aus ihrem Gesichtskreis zu verbannen, weil diese ihr sagt, sie müsse nun ihre Spielsachen wegräumen, einen Moment später steckt Sheila ihr die Zunge heraus. Morgan springt in dem Versuch, sich aus dem festen Griff seiner Mutter zu lösen, wütend auf und nieder. Ein Säugling greift zärtlich mit Fingern – und Zunge – nach dem Gesicht seines Bruders. Allison kauert auf einem hohen Hocker und umfaßt mit ihren Zehen die Streben, während sie voller Hingabe an einer Staffelei malt. Chrissy preßt ihr Gesicht auf die Bettdecke, um mit einem Kätzchen auf einer Ebene zu liegen. Valerie hält ihrer Mutter die Augen zu, um sie daran zu hindern, das Neugeborene zu bewundern. Eine Zweijährige erschleicht sich einen Schluck aus dem Babyfläschchen. Aus Verzweiflung, weil die Mutter sie gescholten hat, wendet sich ein Mädchen ihrer Puppe zu und schlägt sie. Auf dem Gesicht eines Mädchens, das ein Bild eines anderen Kindes betrachtet, zeichnet sich Geringschätzung ab.
Schmollend steigt eine Dreijährige die Treppe hinauf, um dem Fotografieren zu entgehen, und läßt dabei ihre Schmusedecke nachschleifen. Ein Baby gluckst vor Wonne in der Badewanne. Ein Mädchen, dem gesagt wurde, sie dürfe ihr Kleid ausziehen, zieht sich begeistert ganz aus.

Ob Sie nun fasziniert sind von der Bedeutung der Gefühle, die die Kinder im Inneren bewegen, oder nur gerne Bilder von ausdrucksvollen Säuglingen und Kleinkindern anschauen, Sie werden dieses Buch gern haben. Sie werden es immer wieder anschauen wollen – so wie ich.

1
Was ist Körpersprache?

Sehr starke Empfindungen und Gefühle, die gewissermaßen »aus dem Bauch« kommen, werden oft am besten ohne Worte ausgedrückt. Worte können die wahre Natur unserer innersten Gefühle verbergen. Wir können das immer wieder im täglichen Leben beobachten, wenn wir merken, wie uns jemand etwas erzählt, während er mit seiner Körpersprache etwas ganz anderes vermittelt.

Die Einsichten, die dieses Buch mit seinen Fotos anbietet, bilden kein theoretisches System. Dennoch verstehen wir Körpersprache in Wirklichkeit besser, als uns bewußt ist. Oft erkennen wir die Stimmung einer Person, ohne daß irgendetwas gesagt werden muß. Herunterhängende Mundwinkel, etwas hängende Schultern und eine gerunzelte Stirn zeigen ganz deutlich Unwohlsein an, auch wenn wir uns nicht die Mühe machen, genau zu analysieren, warum wir eigentlich verstehen, was wir sehen.

Dieses Buch handelt vor allem von Kindern und Eltern – von ihren Gefühlen und der Verständigung durch Körpersprache.

Ich hoffe, es gelingt Ihnen, die Empfindungen, die in meinen Fotografien porträtiert werden, zu sehen und nachzuvollziehen. Das könnte Ihnen helfen, Menschen und kindliche Entwicklung besser zu verstehen. Es ist aufregend zu sehen, wie Kinder und Eltern einander ihre Bedürfnisse, Ängste, Hoffnungen und Freuden mitteilen.

Die Körpersprache von Kindern ist der verläßlichste Weg, ihre Gefühle und Wünsche zu verstehen. Besonders wichtig ist sie natürlich bei Kindern, die noch nicht sprechen können. So müssen Eltern z. B. unterscheiden lernen zwischen einem Hungerschrei, einem Schreien aus Langeweile und einem Schreien aus Einsamkeit. Dabei können ihnen der Gesichts- und Körperausdruck des Kindes entscheidende Hinweise geben.

Ein gutes Eltern-Kind-Verhältnis verlangt, daß sich Eltern schnell auf die nicht-verbalen Mitteilungen ihrer Kinder einstellen können und daß gleichzeitig die Kinder verstehen lernen, was ihnen die Körpersprache ihrer Eltern sagt.

Machen wir doch gleich eine Probe! Wir wollen sehen, ob Sie herausfinden können, was auf den folgenden Fotografien vorgeht.

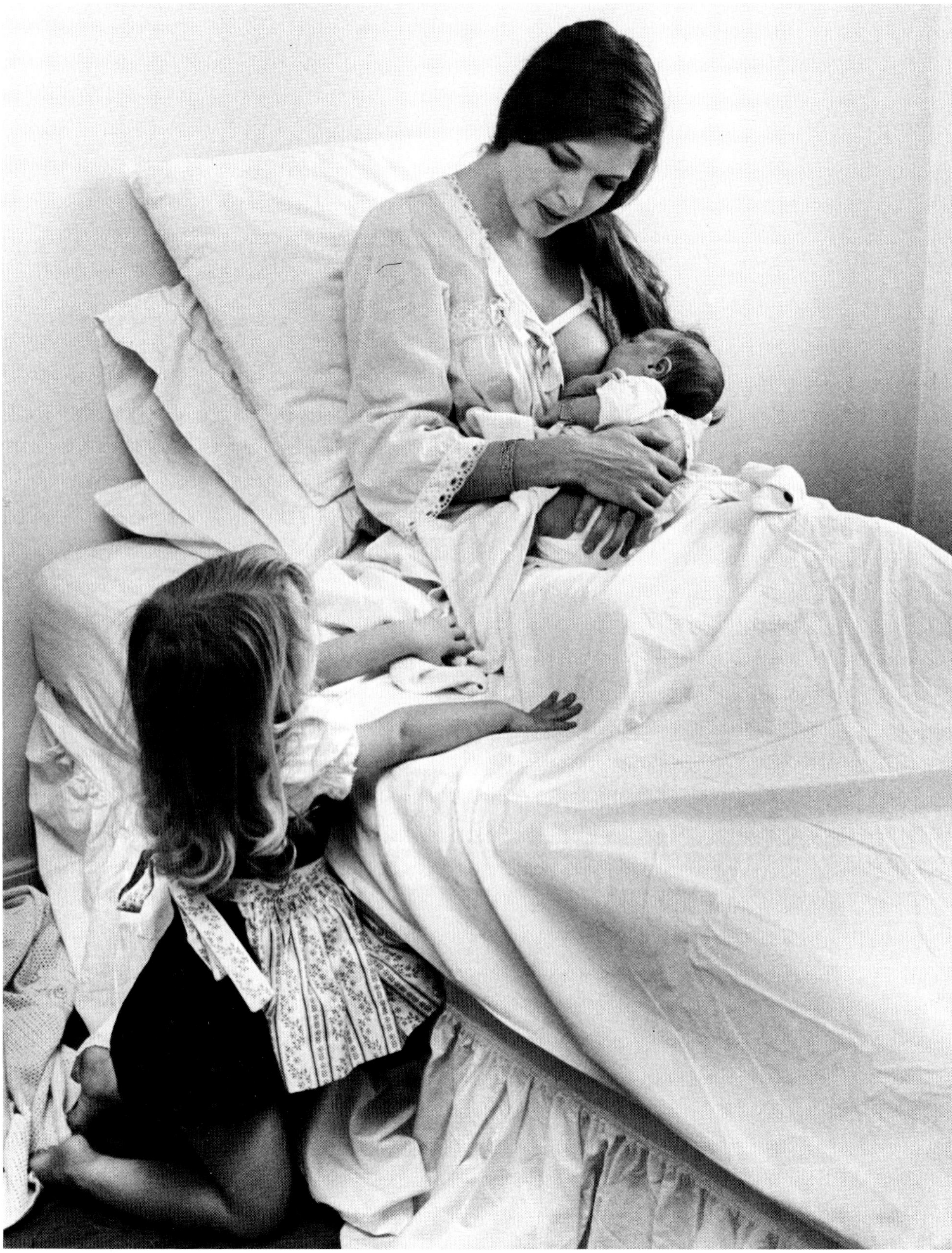

Körpersprache im Brennpunkt

Beim Anblick des Fotos haben Sie sich vermutlich schon ein Bild über die dargestellten Menschen gemacht. Aber *wie* sind Sie eigentlich zu Ihrer Meinung gekommen? Vermutlich, indem Sie die einzelnen körpersprachlichen Äußerungen, die in der Szene offenbar werden, zu einem Ganzen zusammengefügt haben. Welches sind nun aber die einzelnen Zeichen, die uns verraten, daß wir hier eine Mutter vor uns haben, die ihre Kinder liebt und fähig ist, beiden etwas von sich zu geben?

Welche konkreten Hinweise haben Sie dafür, daß Maya, die Dreijährige, mit äußerst widersprüchlichen Gefühlen beobachtet, wie ihre Mutter das Neugeborene stillt?

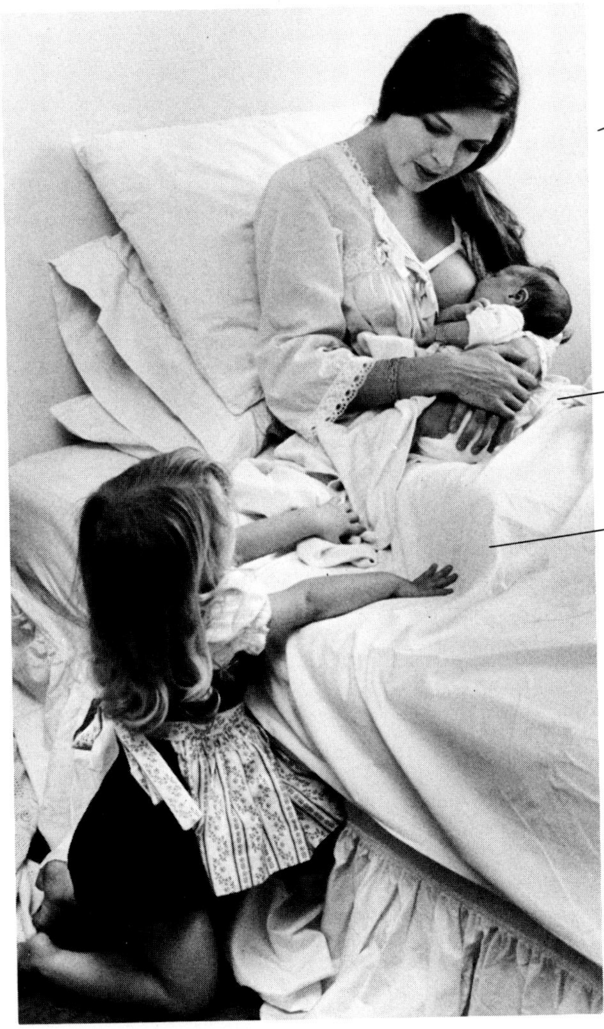

- Ihr Kopf wendet sich beiden Kindern zu: nach vorne zum Baby hin und seitwärts zu Maya. Der Gesichtsausdruck ist ruhig, heiter, voller Aufmerksamkeit gegenüber Maya. Beachten Sie die klare Stirn und die etwas nach oben gerichteten Mundwinkel.
- Arme und Hände der Mutter sind vollkommen entspannt und umfassen das Baby.
- Maya kniet neben dem Bett, so nahe es geht. Ihre linke Hand streichelt die Bettdecke, die rechte aber schiebt sich verspannt in Richtung auf die Mutter. Die unterschiedliche Position der Hände zeigt ihre Ambivalenz, den Widerstreit ihrer Gefühle. »Mama, ich hab Dich lieb!«, sagt die eine Hand. »Ich bin böse auf Dich und das Baby«, sagt die andere.

Heitere oder traurige Kinder?

Ich bin den Eltern dieser beiden Kinder besonders dankbar, weil sie mir erlaubten, diese Fotografien zu veröffentlichen. Hätten Sie erraten, daß das strahlende Lächeln des kleinen Clowns Probleme überdeckt, die so schwerwiegend waren, daß eine Behandlung angezeigt schien, während die Verstimmung der tragisch blickenden Sandy nur vorübergehend war?

Offensichtlich ist es sehr wichtig, die Umstände zu kennen, in denen die Aufnahmen gemacht wurden. Nur im Kontext der gesamten Situation erhält ein Blick oder eine Geste Bedeutung. Deshalb werde ich im folgenden immer wieder auch die Geschichte der gezeigten Bilder beschreiben.

Wie Kinder auf die Kamera reagieren

Ich versuche zu fotografieren, als ob ich unsichtbar wäre. Aber ich bin mir darüber im klaren, daß meine Anwesenheit die Situationen, die ich fotografiere, beeinflussen muß. Ich spreche nicht viel mit den Kindern, und ich versuche auch nicht, mich »anzufreunden« mit ihnen. Ich lasse sie vielmehr in der gewohnten Weise auf die Menschen um sie herum reagieren. Ich benutze niemals Blitzlicht oder mehr Fotoausrüstung, als unbedingt notwendig ist. Ich bin zu der Überzeugung gelangt, daß meine Art des Fotografierens die Gefühle der Kinder lediglich verstärkt, ohne sie qualitativ zu verändern. Ähnlich wie der Kinderpsychologe Jean Piaget möchte ich »einfangen, was hinter der vordergründigen Erscheinung der Dinge verborgen ist«.

Ich fotografiere selten Menschen, die ich nicht kenne. Als ich aber auf einem Folk Music Festival umherging, konnte ich Mayas Charme nicht widerstehen und richtete mein Objektiv auf sie. Daraufhin umklammerte sie die Knie ihrer Mutter und warf mir einen langen, fragenden Blick zu. Er scheint das ein wenig furchtsame Interesse auszudrücken, das wir alle empfinden, wenn ein Bild von uns aufgenommen wird. (Nicht umsonst gibt es bei vielen Völkern ja Mythen, wonach ein Teil der Seele weggenommen wird, wenn man von einem Menschen ein Bild macht. Sogar die Sprache der Fotografen drückt bereits Aggression aus: Immer wieder spricht man davon, Bilder zu »schießen« oder davon, daß man im richtigen Moment »abgedrückt« habe.)

Kinder und Kamera

Wenn wir fotografiert werden, sind die meisten von uns bereit, sich einen Moment lang in Frage zu stellen. Dann überwinden wir den Augenblick des Zweifels, setzen unser schönstes Lächeln auf und versuchen, Selbstbewußtsein und Freundlichkeit auszustrahlen. Kinder beherrschen diesen Trick meist noch nicht und lassen uns ihre wahren Gefühle viel häufiger erkennen als Erwachsene.

Ich glaube z. B., daß die vierjährige Minty uns mit ihren Augen mitteilt, sie sei keineswegs sicher, ob diese Person mit dem Fotoapparat sie eigentlich mag. Gleichzeitig scheint sie uns mit der Art, in der sie ihre Augen weit offen hält, auch ihre Seele zu öffnen. Wenn man solch »offene« Augen sieht, fällt es einem schwer, sich daran zu erinnern, daß sich das Auge selbst – bis auf eine geringfügige Erweiterung der Pupille – gar nicht zu verändern vermag.

Allein die umgebenden Muskeln, die Lider und Wimpern machen die Augen zum Spiegel der Seele.

Ich traf auf den dreijährigen Adam, als er ein altes T-Shirt seines Vaters anhatte. Was teilt er durch seine Körpersprache mit? Die eine Hand hat er zum Mund gehoben, was Zögern und Schüchternheit anzeigt, die andere hält schützend das geliebte Hemd. Haltung und Gesichtsausdruck sind neutral, aber freundlich. Adam ist sowohl verwirrt als auch geschmeichelt durch die Aufmerksamkeit, die ihm beim Fotografieren gezollt wird.

Individuelle Reaktionen

Mehrere Jahre lang habe ich die Entwicklung dieser eineiigen Zwillinge verfolgt. Die Berichte ihrer Eltern und ein psychologischer Test, der später mit ihnen gemacht wurde, haben bestätigt, was dieses Bild zeigt: Marina – links – war immer Optimistin, Tatiana immer Pessimistin.

Als sie älter wurden, wurde auch ihr Aussehen immer unterschiedlicher. Es bestätigte sich, daß sich die Züge unterschiedlich ausformen, je nachdem, ob ein Gesicht in der Hauptsache fröhliche Gedanken oder in der Hauptsache traurige oder angstvolle Gedanken ausdrückt.

UNIVERSALE GESTEN

Die elementaren Gefühle des Menschen - Glück, Traurigkeit, Ekel, Furcht und Feindseligkeit - werden auf der ganzen Welt in fast identischer Weise durch die Körpersprache ausgedrückt. Bestimmte Körperteile wie Augenbrauen, Schultern und Hände übermitteln konkrete Signale, die jeder versteht.

Augenbrauensignale

Eine hochgezogene Augenbraue drückt Unglauben aus, zwei hochgezogene Augenbrauen Überraschung, gesenkte Augenbrauen Argwohn und Zweifel.

Das Foto auf der gegenüberliegenden Seite zeigt, wie beide Augenbrauen Mintys hochschnellen, weil sie etwas hört, das sie nicht glauben kann und das sie überrascht. Die daraus entstehenden Furchen auf ihrer Stirn verstärken noch den Ausdruck der Skepsis auf ihrem Gesicht.

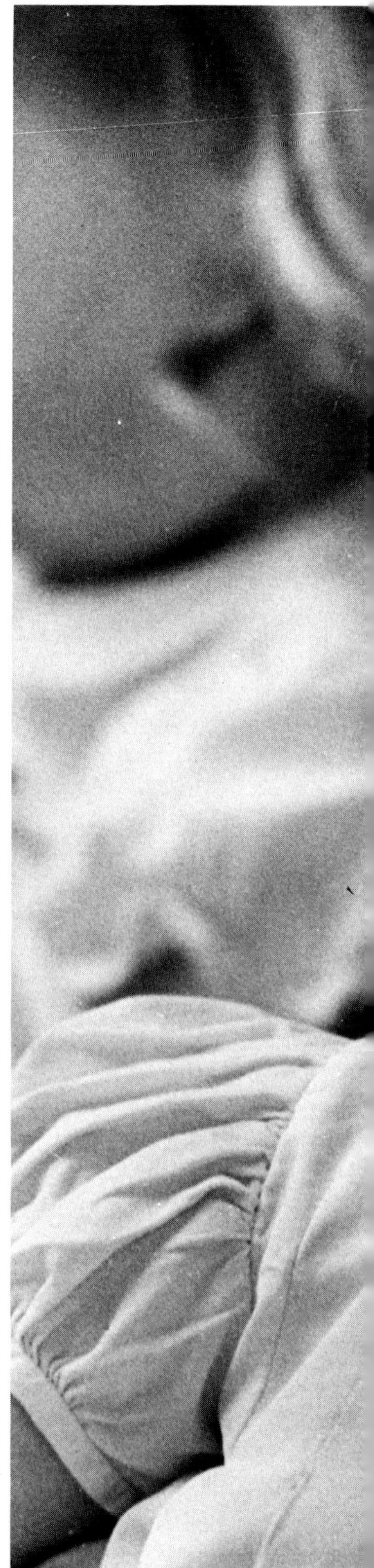

Schultersignale

Eine hochgezogene Schulter bedeutet: »Es ist mir egal« oder »Ich weiß es nicht«. Wenn man beide Schultern hebt, »zieht man den Kopf ein«, man fürchtet sich also. Mit gestrafften Schultern macht man sich »breit« und zeigt Entschlossenheit an. Und hängende, gerundete Schultern scheinen unter einer wirklichen oder eingebildeten Last nachzugeben.

Die sechsjährige Alexandra zückt immer die linke Schulter, wenn sie eine schwierige Frage verwirrt.

Die Sprache kennt viele Ausdrücke, die auf die Körpersprache hinweisen. »Jemandem die kalte Schulter zeigen« ist einer von ihnen. Auf der gegenüberliegenden Seite illustriert Chrissy, vier Jahre alt, diese Redensart. Nachdem sie und ihr Bruder sich darüber gestritten haben, wer welche Limonade trinken dürfe, dreht sie sich um und hebt die linke Schulter, als wolle sie sagen: »Was macht mir das schon aus?«

DRINK

Die Sprache der Hände

Hände drücken viele Empfindungen aus. Sie deuten anklagend auf etwas hin, sie werden drohend erhoben, die Handflächen können in einer bittenden oder fragenden Bewegung nach außen gedreht werden, sie können überschwenglich winken, vor Anspannung können sie sich zur Faust ballen, die Arme können aus Selbstschutz verschränkt werden.
Viele dieser Handbewegungen werden wir in diesem Buch betrachten, hier vorerst nur zwei leicht erkennbare Gesten der Hand:

Betsy, fünf Jahre alt, ist von der Schwierigkeit der vor ihr liegenden Aufgabe überwältigt. Sie hebt ihre Hand in einer Bewegung zum Kopf, als ob sie sich an die Stirn schlagen wollte: »Wie soll ich das schaffen?«

Die sechsjährige Kathleen hat gerade entdeckt, daß mit ihrer komplizierten Rechenaufgabe irgendetwas nicht stimmt. Die Hand fliegt zum Kopf und beginnt, ihn zu kratzen, was ihr Bemühen, das Problem zu lösen, ausdrückt. Die Stirn ist gerunzelt, die Mundwinkel hängen herab, es ist offensichtlich, daß sie die richtige Antwort noch nicht gefunden hat.

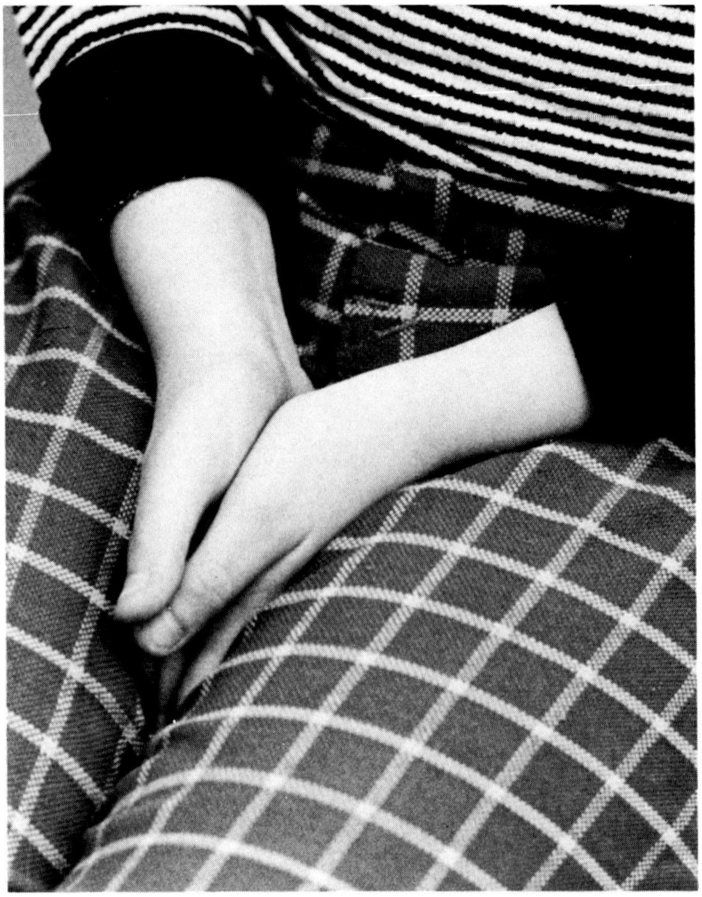 

Hände, die schützen

Wenn man das Verhalten psychisch gestörter Kinder untersucht, kann das zu einem besseren Verständnis normaler Kinder verhelfen, denn ihre Gesten sind so übertrieben, daß die Bedeutung vollkommen klar ist. In diesen Fotografien sehen wir die Hände von Kindern, die die ganze Welt als einen gefährlichen Ort sehen, an dem sie sich gegen Angriffe zu verteidigen haben. Sie benutzen ihre Hände, um zu verbannen, was sie nicht hören und sehen wollen, und um zu schützen, was sie als verwundbarsten Teil ihrer selbst empfinden.

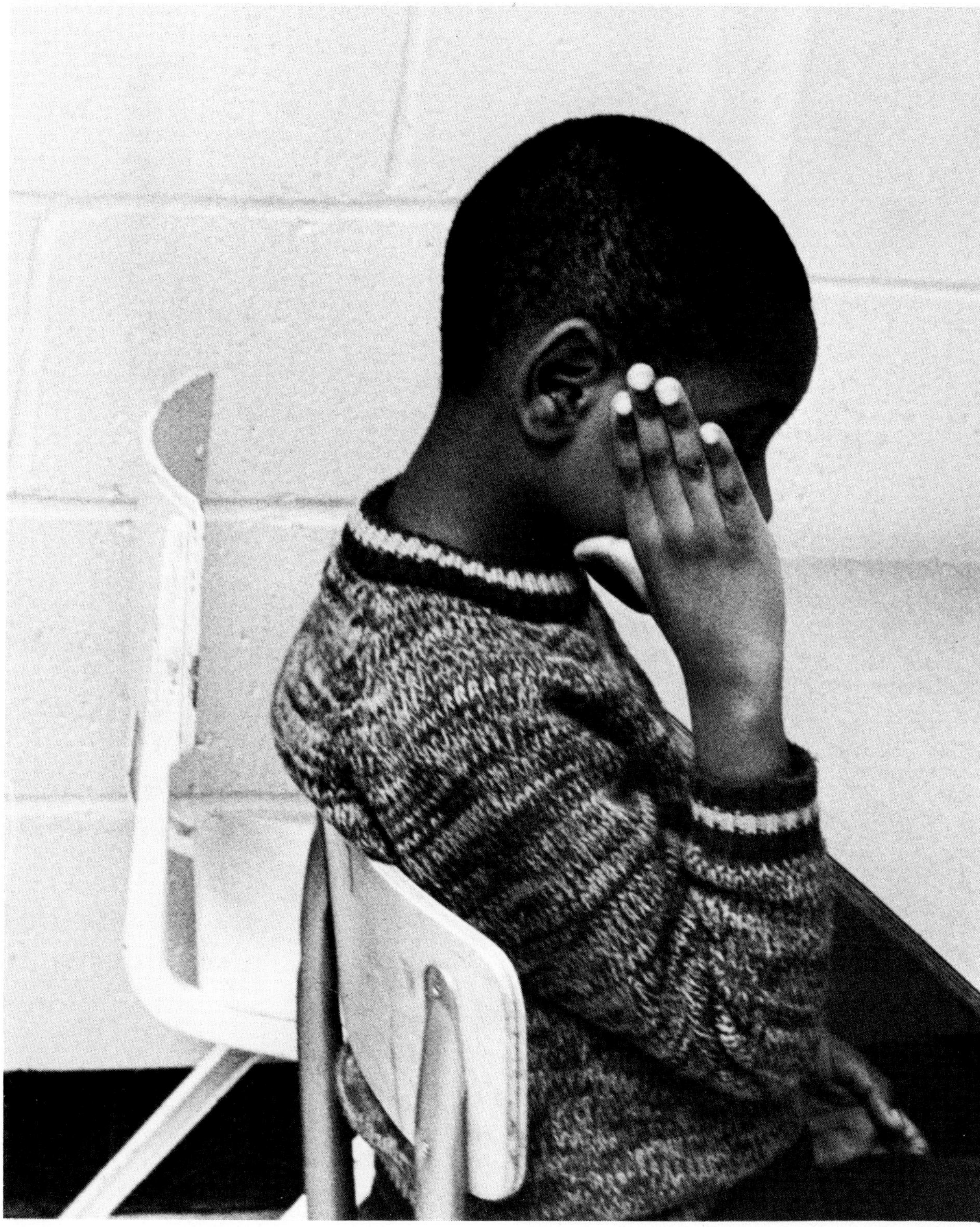

2

Gefühle

WÄRME

Wärme wird in der Körpersprache ausgedrückt durch Berührung, durch Näherrücken und Hinwendung. Bezeichnend ist auch, daß man sich auf dieselbe Ebene mit dem anderen begibt.

Kein Wunder, daß das Wort »Wärme« auch die Fähigkeit ausdrückt, andere zu lieben und mit ihnen zu kommunizieren. Schließlich ist die erste Liebe, die das Neugeborene kennenlernt, eins mit der Körperwärme der Mutter. Das Füttern ist die ideale Gelegenheit für die Mutter, ihrem Kind diese entscheidende Wärme zu vermitteln.

Melissa wurde sofort nach der Geburt mit ihrer Mutter zusammen in einem Zimmer untergebracht. So konnte sie von Anfang an die warme Umarmung ihrer Mutter genießen. Auf ihrem Gesicht steht Befriedigung geschrieben, ihr Körper schmiegt sich an den der Mutter, sie ist entspannt und scheint etwas Schönes zu träumen.

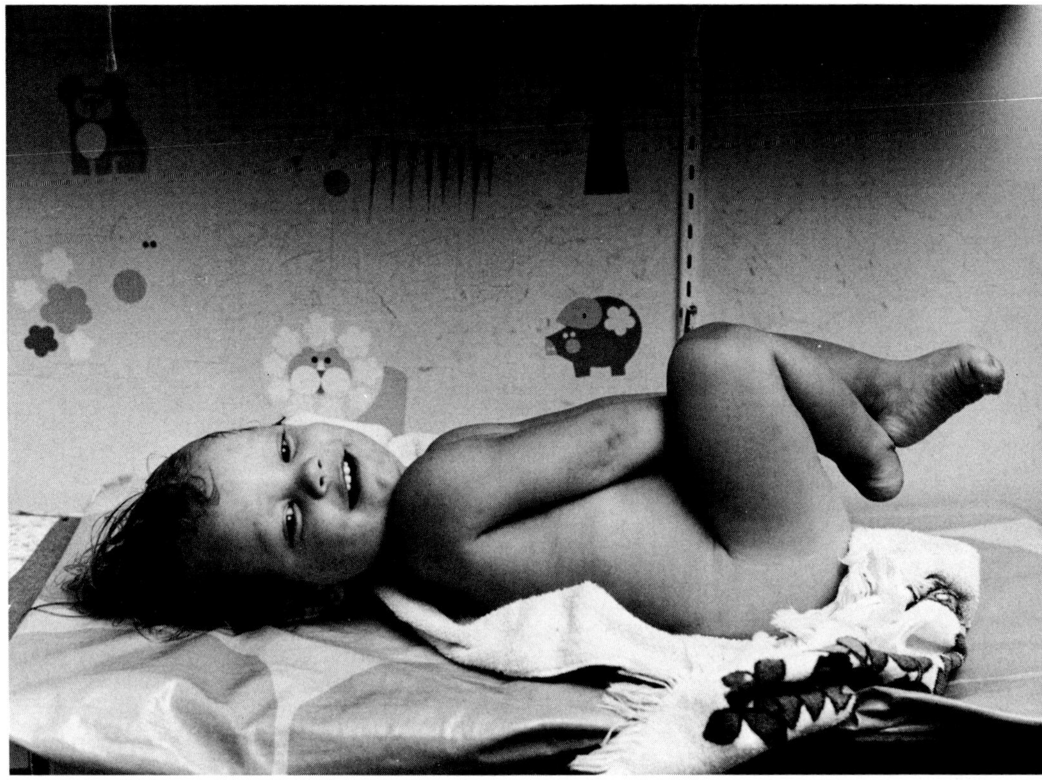

Körperspiel

Die meisten Kinder, die körperliche Zuneigung ihrer Eltern oder einer anderen Pflegeperson erfahren haben, werden ihren eigenen Körper erforschen wollen und geraten außer Fassung, wenn man versucht, sie durch Ablehnung oder Tadel daran zu hindern. Der zwölf Monate alte Andrew spielt nach dem Baden mit seinem Körper. Seine Zehen krümmen sich vor Vergnügen, und sein Lächeln zeigt, daß seine Mutter und sein Vater deswegen kein böses Gesicht machen. Solche Toleranz der Eltern begünstigt eine gelassene Einstellung gegenüber der Sexualität und erspart den Kindern später falsche Vorstellungen und unnötige Schuldgefühle.

Hinwendung

Der Vater ist zuhause und hat noch zu arbeiten, während Debi, ein Jahr alt, am anderen Ende des Sofas spielt. Sie bleibt lange Zeit zufrieden dort sitzen, denn hin und wieder legt der Vater die Arbeit beiseite und schenkt ihr seine Aufmerksamkeit, indem er mit ihr spricht und sich zu ihr hinwendet. Sie antwortet mit einem glücklichen Lächeln. Die Worte begreift sie noch nicht, aber die nicht-verbale, allgemeine Sprache seines Körpers, der sich ihr zuwendet, versteht sie sehr gut.

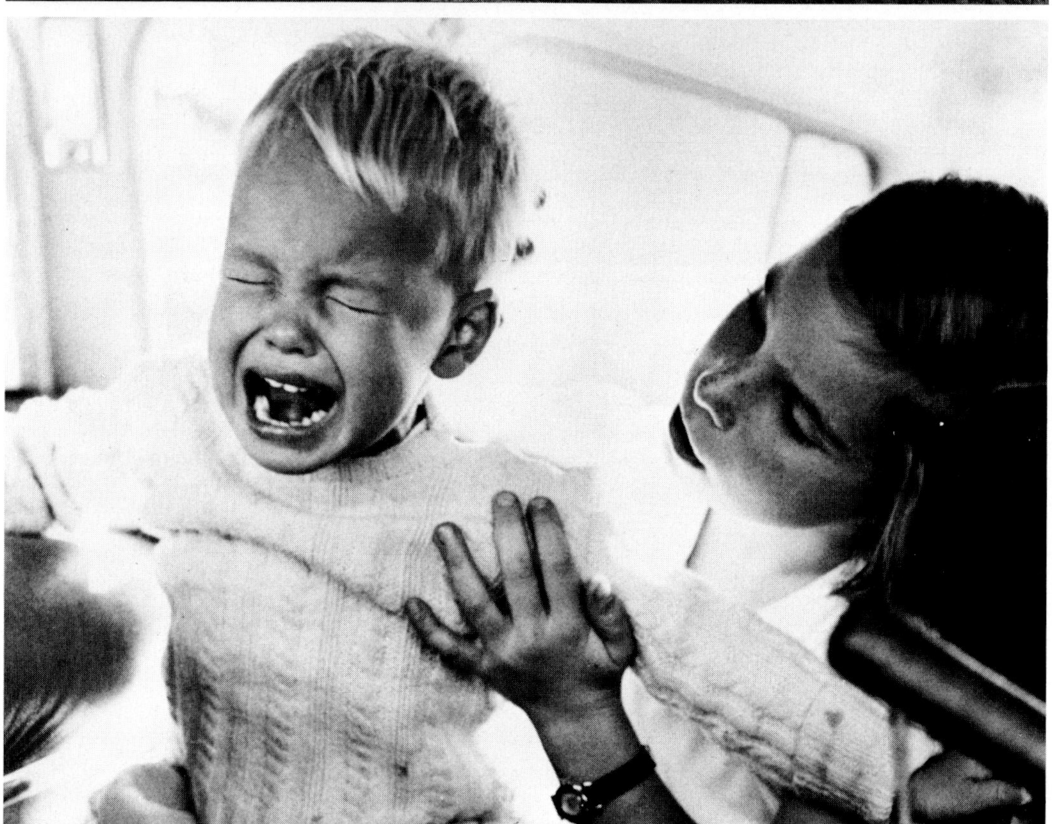

Der dreijährige Gerrett ist unglücklich, weil die Autofahrt vorbei ist; seine Freundin Wendy versucht ihn mit ihrer sanften stützenden Berührung und ihrem instinktiven Sich-zu-ihm-Hinwenden zu trösten.

Das Bedürfnis nach Wärme

Tiere, ob sie nun lebendig sind oder aus Stoff, sind eine wunderbare Quelle der Wärme und Zärtlichkeit.
Janie, vier Jahre alt, drückt ihre innigen Gefühle aus, indem sie ihren weichen, kuscheligen Teddy liebevoll umarmt. Ihre Wange berührt die seine, und sie bietet ein Bild des Runden – im Gegensatz zum Eckigen, das Entfernung und Zurückweisung ausdrückt.

Immer wenn die vierjährige Amelia etwas müde wird oder sich einsam fühlt, legt sie sich zu ihrer Katze, Nase an Nase, Körper an Körper; die Katze schnurrt, Amelia lächelt.

Weiche Gegenstände – normalerweise Decken – haben einen guten Zweck. Wenn die Mutter nicht da ist, können die Kinder sich ihnen zuwenden und werden getröstet, zur gleichen Zeit erfahren sie das sinnliche Vergnügen des Berührens.

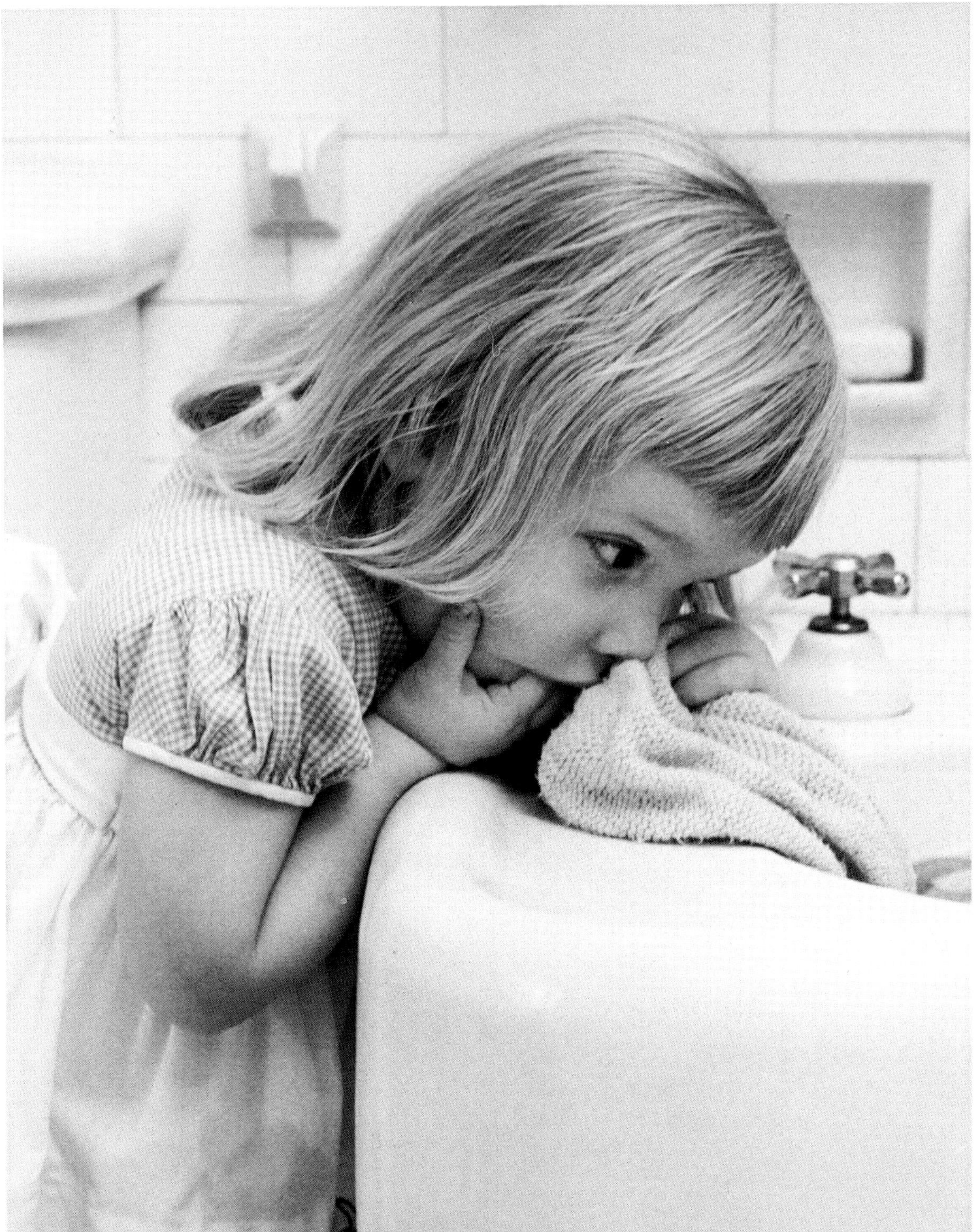

Während ich eine Serie von Aufnahmen von der dreijährigen Elizabeth und ihrer Kuscheldecke machte, wusch die Mutter die Decke, und das Kind mußte eine Zeitlang ohne sie auskommen. Kurze Zeit später fand ich Elizabeth im Badezimmer, wo die Decke eingeweicht wurde. Sie preßte das nasse Ding an ihr Gesicht, und in ihrem Bemühen, der geliebten Decke nahe zu sein, spannte sie jeden Muskel.

Freundschaft und Wärme

Im Leben der meisten Kinder gibt es eine Zeit, in der ein anderes Kind – meistens desselben Alters und Geschlechts – zu einer besonders wichtigen Person wird. Sie flüstern miteinander, umarmen sich und scheinen förmlich aneinander zu »kleben«. Amelia und Alison, beide vier Jahre alt, sind Nachbarskinder und spielen häufig zusammen. Oft drücken sie ihre Freundschaft durch Berührungen aus. Sie tollen auf dem Teppich herum und finden sich plötzlich in einer ungewöhnlichen Position: sie sehen das Gesicht der anderen verkehrt herum, was zu ihrer Belustigung beiträgt.

Jungen sind im allgemeinen weniger geneigt, ihren freundschaftlichen Gefühlen körperlichen Ausdruck zu geben, aber es gibt Ausnahmen. Vielleicht ist körperliche Nähe für Benjamin und Mark – sechs Jahre alt – deshalb etwas Vertrautes, weil sie beide Zwillingskinder sind. Jedenfalls sind die beiden in der Schule unzertrennlich. Hier sitzen sie in einer Musikstunde auf harmonische, parallele Weise nebeneinander.

Wenn man das Foto genau betrachtet, findet sich ein unstimmiges Moment. Wie sollen wir Benjamins zeigenden, in dieser Haltung oft »anklagenden« Finger verstehen? Er wäre normalerweise ein Zeichen für Wut oder zumindest Spannung. In diesem Fall wurde die Bewegung vermutlich durch das Lied, das er mitsang, hervorgerufen. So können wir den Zeigefinger ignorieren und das Vorherrschen von Wärme und Harmonie akzeptieren, die von den beiden Jungen ansonsten in ihrer gesamten Haltung augedrückt werden.

FURCHT UND ANGST

Die körperlichen Zeichen, mit denen Furcht ausgedrückt wird, sind unmißverständlich: weit aufgerissene Augen, eine gerunzelte Stirn, extrem herunterhängende Mundwinkel und allgemeine Muskelanspannung.

Furcht vor Fremden und der Dunkelheit

Dies ist eine aus einer Reihe von Aufnahmen, die ich von John machte, als er sich in dem Stadium befand, das von dem Psychiater René Spitz als »Acht-Monats-Angst« bezeichnet wird. In Wirklichkeit, sagt Dr. Spitz, ist diese Angst ein Zeichen von Intelligenz und positiver Entwicklung, denn das Kind fängt an zu begreifen, daß Fremde von der Mutter und den Menschen, die es normalerweise versorgen, verschieden sind. Das Unbekannte bewirkt im Kind die Furcht vor Fremden. Wie tief diese Furcht verankert ist, kann man ermessen, wenn man die stark ausgeprägte Körpersprache betrachtet.

Bei einem anderen John, an seinem Gesicht und seinem Körper, ist die Furcht vor der Dunkelheit und der daraus entstehende Unwille, zu Bett zu gehen, deutlich erkennbar. Mit ungefähr zwei Jahren hat er damit begonnen, sich auf die Lippen zu beißen, die Augen weit aufzureißen und sich mit den Händen an das Bett zu klammern, wenn seine Schlafenszeit naht.
Um dieses Aufnahme zu machen und seinen täglichen Kampf mit dem Schlafengehen zu dokumentieren, verbrachte ich zwei Abende und Nächte bei ihm zuhause. Es fiel mir sehr schwer, ihn nicht zu trösten, wenn ich, statt der Mutter, nach der er gerufen hatte, in sein Zimmer kam; aber nur so kam ich meinem Ziel einigermaßen nahe, nämlich zu zeigen, wie sich ein Kind fühlt, wenn es allein ist und Angst vor der Dunkelheit hat.

Trennungsangst

Haben Sie sich jemals gefragt, warum es alle Babies so gerne mögen, wenn man mit ihnen Verstecken spielt, und warum sie so ausgelassen lachen, wenn das Gesicht der Mutter wieder auftaucht? Wie es scheint, denken Kleinkinder, daß jemand, der aus ihrem Gesichtskreis verschwunden ist, vollkommen weg ist, vielleicht für immer. Diese Befürchtung zeigt sich in ihrem gesamten, angespannten Verhalten.

Schauen Sie sich die einjährige Sheila an: ihre rechte, mit der Handfläche bittend nach oben zeigende Hand, die herabhängenden Mundwinkel, die linke Hand, die sich Unterstützung suchend ans Bettchen klammert.

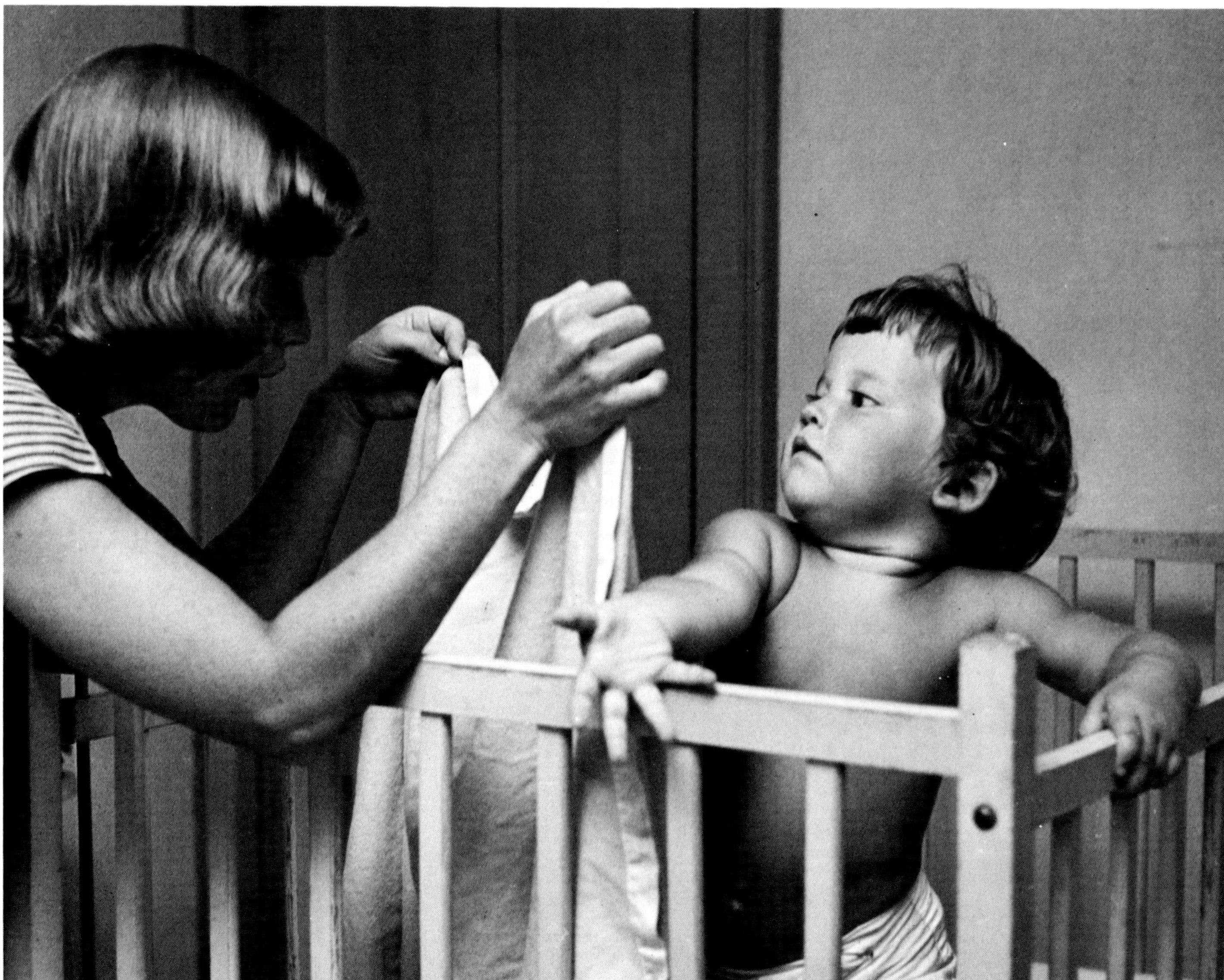

Und sehen Sie sie einige Sekunden später, als das Gesicht der Mutter wieder auftaucht: Die rechte Handfläche zeigt jetzt nach unten, die linke Hand winkt begeistert, die Mundwinkel ziehen sich in einem breiten Lächeln nach oben.

Sheilas Reaktion ist vielleicht für ihr Alter etwas ungewöhnlich, denn die meisten Babies haben dieses Spiel mit einem Jahr schon so häufig gespielt, daß sie gelassener bleiben, weil sie fest überzeugt sind, daß die Mutter wieder erscheint. Manchmal beginnen sie mit diesem Spiel sogar selbst.

Die Begegnung mit Fremden

Der zweijährige Billy wird zärtlich von seiner Mutter gehalten, damit er sich an den Gedanken gewöhnen kann, daß sie ihn für ein paar Stunden mit einem Babysitter allein lassen muß. Seine Unterlippe hängt herunter und ist vorgeschoben, seine Oberlippe zieht er jedoch tapfer zusammen, um nicht in Tränen auszubrechen. Er ist kein besonders furchtsames oder sensibles, nur ein ausdrucksstarkes Kind, auf dessen Gesicht wir ablesen können, wie sich die meisten Kinder fühlen, wenn die Mutter sie eine Zeitlang verläßt.

Selbst mit vier Jahren ist Charlie noch froh, daß er sich einen Moment lang an seine Mutter klammern kann, während er die Leute auf der Party betrachtet, zu der sie gegangen sind. Auf diese Weise abgesichert, wird er sich bald vorwagen und sich gut amüsieren. Ungefähr alle Viertelstunde jedoch wird er erscheinen und sich vergewissern, daß seine Eltern noch da sind.

Die dreijährige Chrissy hat ihre Angstgefühle beim Anblick von Fremden gut unter Kontrolle, aber sie sind sichtbar. Ihre Brauen sind hochgezogen und die Augen gerundet. Zwischen einem Schrank und einem Stuhl hat sie einen kleinen Winkel gefunden, in dem sie sich »verstecken« kann, bis sie bereit ist, sich unter die Gäste zu mischen.

Schüchternheit, Schuldgefühle und Angst

Betsy hat in einem Armsessel Zuflucht gefunden. Es ist ihr erster Schultag und die neuen Eindrücke beunruhigen sie. Ihre Hand sucht Trost und Stütze am Mund, was bei Sechsjährigen normalerweise nur noch in Streßsituationen vorkommt. Ihre Augen sind weit geöffnet und spiegeln nicht nur Schüchternheit, sondern auch eine gewisse Feindseligkeit wider. Diese ist für gewöhnlich eine Komponente der Schüchternheit, die aber selten eingeräumt wird. »Wenn ich mich zurückziehe, finde ich Schutz. Keiner durchschaut mich, und es kann keinen Ärger geben.«

Von allen Aufnahmen, die ich gemacht habe, zeigt diese am besten die Verbindung von Schuld und Angst.
Adam, sechs Jahre alt, wurde mit seinem kleinen Bruder alleingelassen und hat ein wenig ruppig mit ihm gespielt. (Ich stand in der Nähe, er war jedoch so in seine Gedanken und Gefühle vertieft, daß er mich gar nicht bemerkte.) Als seine Mutter zurückkommt, zuckt er zurück, und sein ganzer Körper drückt Angst und Schuld aus. Nicht, was er tatsächlich *tat,* bewirkt dieses Gefühl, sondern was er zu *wünschte.*

Es ist interessant, daß seine Arme hochfliegen, eine Position, die wir mit »Ich ergebe mich« verbinden, und daß sein Mund ein »Oh« formt, das Schmerz und Überraschung ausdrückt. Abgesehen von der heftigen Reaktion ihres Sohnes bei ihrem Erscheinen findet die Mutter alles in Ordnung und wundert sich, was passiert ist.

Wer Tiere hat, kennt diese Szene: Wir kommen nach Hause und Hund oder Katze zeigen ihr schlechtes Gewissen, indem sie sich an den Boden klammern, die Ohren anlegen, und ihr Fell zu Berge steht. Auf diese Weise »posaunen« sie geradezu heraus, daß sie in unserer Abwesenheit etwas angestellt haben.

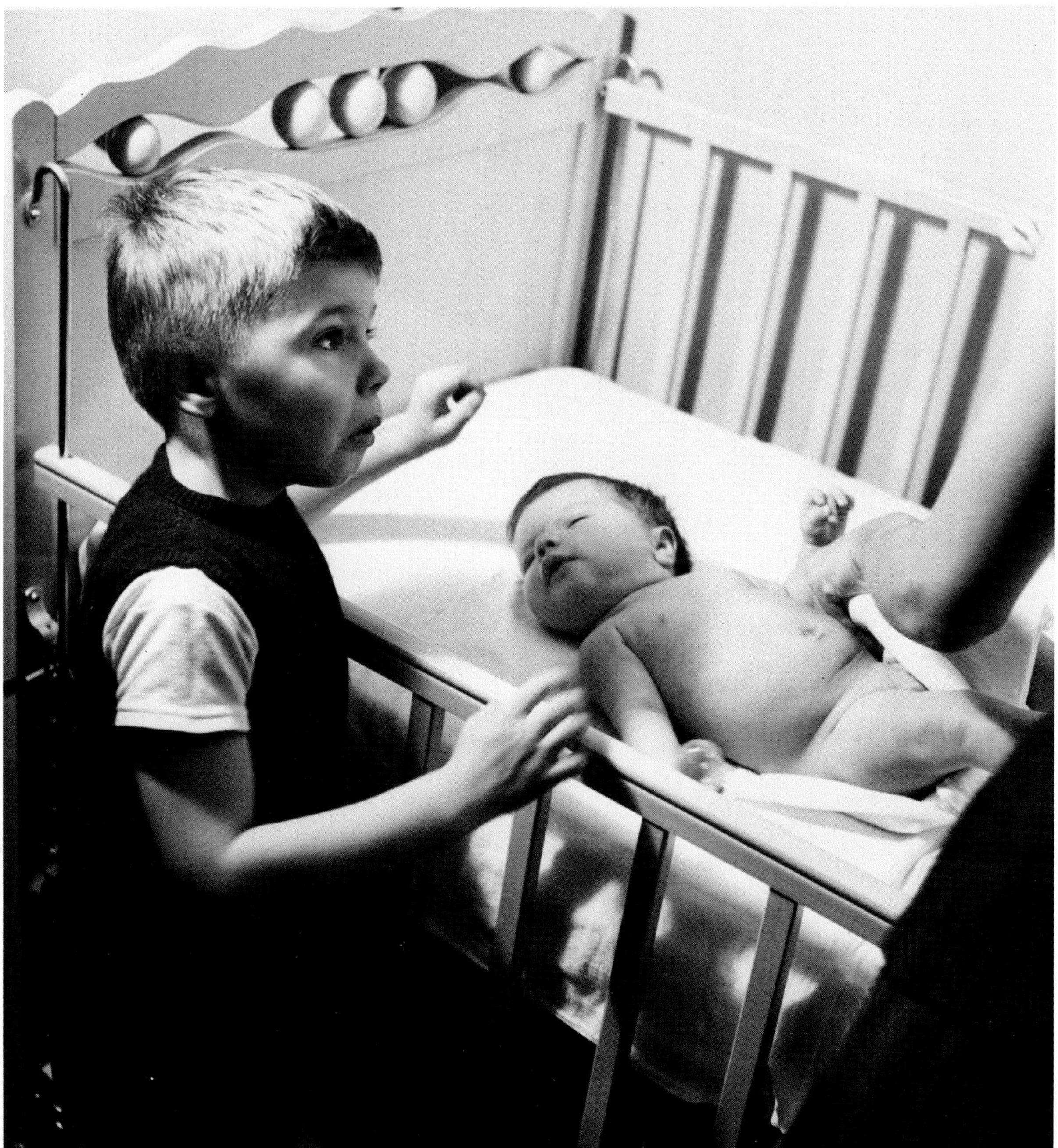

Kinder fürchten sich vor dem Arzt und dem Haareschneiden

Die vierjährige Terry ist schon früher beim Zahnarzt gewesen, und sowohl ihre Mutter als auch sie selbst versichern einander immer wieder, daß kein Grund zur Angst besteht. Die Mutter muß sich hierbei stark überwinden, denn sie hat selbst Angst vorm Zahnarzt, versucht aber, der Tochter diese Furcht nicht zu zeigen.
Als sich die Tür öffnet und Terry an der Reihe ist, sieht sie ihre Mutter an und fragt: »Kommst Du mit?« Sie kann die Tränen kaum zurückhalten. Ihr Mund formt das schon vertraute »Oh«, die Augenbrauen sind hochgezogen und die Stirn ist gefurcht. Trotzdem erlaubt sie, die Hand ihrer Mutter haltend, daß ein kleines Loch in ihren Zähnen ausgebohrt und gefüllt wird.

Terrys Angst vor dem Zahnarzt ist nichts im Vergleich zu Leslies Gefühlen. Leslie (gegenüberliegende Seite) ist fünf Jahre alt. Obwohl ihr nur die Haare geschnitten werden sollen, ist sie total verängstigt. Sie beißt sich auf die Unterlippe, um dann wieder zu schreien, und scheut zurück in Richtung auf den Körper ihrer Mutter. Es scheint eine irrationale Angst zu sein, denn schließlich tut Haareschneiden ja nicht weh. Trotzdem zeigen Kinder oft solche Ängste, wenn sie sich ihres Körpers und damit der Angst, Körperteile zu verlieren, bewußter werden.
Die Heftigkeit der Reaktion weist darauf hin, daß Leslies Furcht wohl ein zu hoher Preis für einen Haarschnitt beim Friseur ist. Vielleicht sollte ihre Mutter versuchen, ihrer Tochter zuhause die Haare zu schneiden, bis sich die Angst gelegt hat.

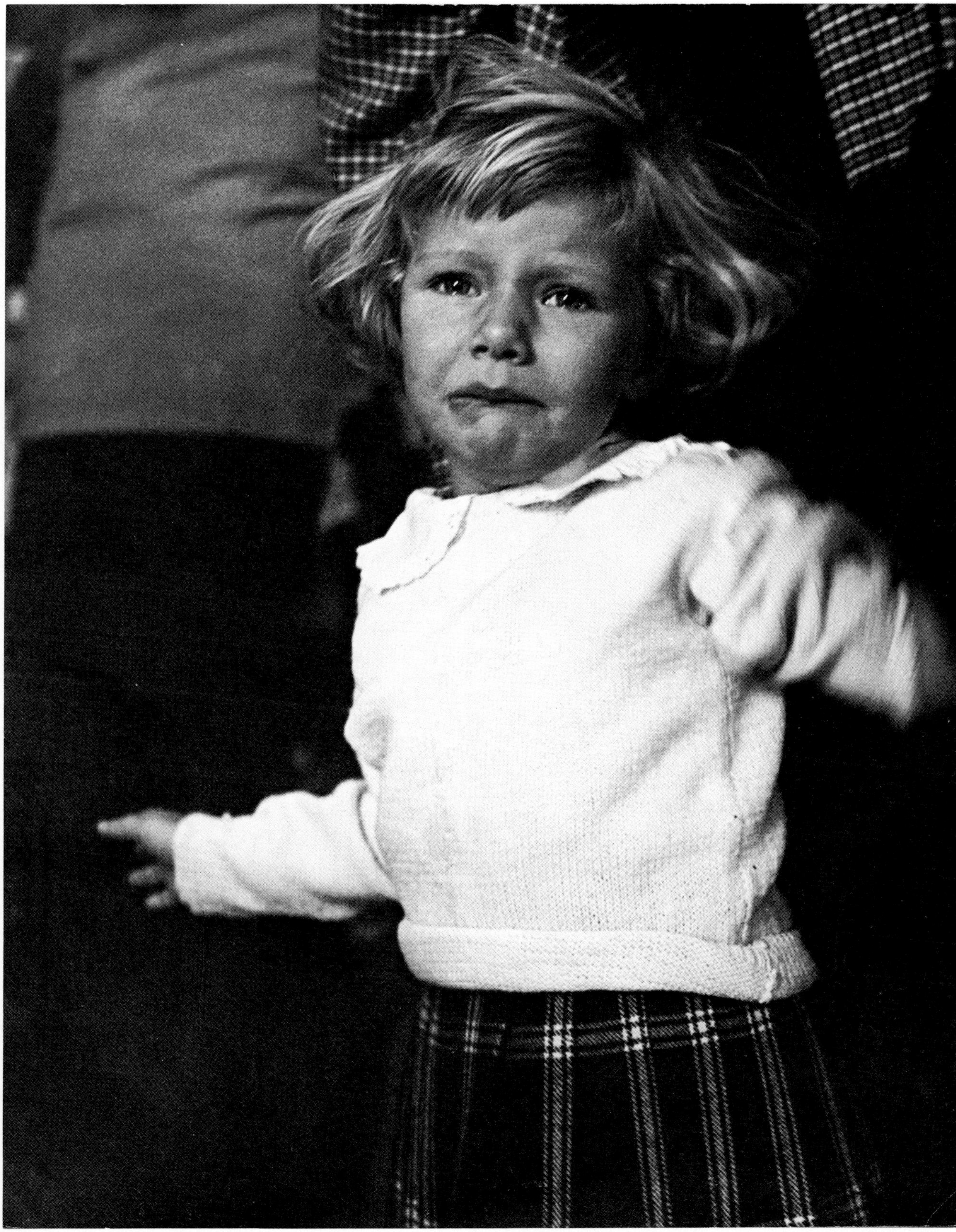

Das Fernsehen und kindliche Angst

Die meisten Kinder mögen und verstehen Märchen, in denen die Bösen auf deutliche und grausame Weise bestraft werden , aber vor Fernsehsendungen, in denen Menschen erschossen und verletzt werden, haben sie Angst. Im Fernsehen wechseln Berichte über die Wirklichkeit und erfundene Geschichten einander ab; die Kinder merken, daß Erwachsene oft glauben, was sie im Fernsehen sehen. Warum sollten sie nicht überzeugt sein, daß das, was sie betrachten, auf zwingende, furchterregende Weise ebenso wahr ist?

Der Unterschied zwischen Wirklichkeit und Erfindung wird im Laufe der intellektuellen Entwicklung des Kindes erst langsam, ungefähr im Alter von zweieinhalb bis drei Jahren, wahrgenommen.
In einer neueren Studie fand Dr. Nicholas Zill von der Temple University heraus, daß Kinder um so ängstlicher sind, je mehr Stunden sie vor dem Fernsehapparat verbringen.

Meine Fotos scheinen dies zu belegen. Die Körpersprache ist ganz deutlich: herabhängende Mundwinkel, aufgerissene Augen, angespannte Muskeln. Ist das Unterhaltung??

Katharsis im Kasperletheater

Diese Mädchen, die im Dunkel einer Kasperletheatervorstellung sitzen, bangen um das Schicksal der bedrohten Hauptfigur. Ihr älterer Bruder Howard hat die Vorstellung schon einmal gesehen und tröstet seine kleine Schwester, deren Mund vor Angst verzerrt ist und die sich trostsuchend an ihn klammert. Seine zweite Schwester reißt die Augen auf, Mund und Körper sind voller Spannung.

Ein paar Minuten später jedoch hat sich der Konflikt auf klassische Weise gelöst: Die Unschuldigen kommen frei, die Bösen werden bestraft. Die Erleichterung der Kinder bricht heftig hervor und zeigt die Tiefe ihrer vorherigen Ängste: Jetzt sind die Münder weit offen im Lachen, alle Muskeln sind entspannt.

NEUGIER

Im Alter zwischen drei und sechs Jahren erreicht die Neugier der Kinder ihren Höhepunkt. Es gibt verschiedene Erklärungen, warum das so ist. Das Freudsche Konzept besagt, daß Kinder in diesem Alter vornehmlich damit beschäftigt sind, die ödipale Haßliebe gegenüber den Eltern zu bewältigen. Sie werden neugierig auf alles, was helfen könnte, das Geheimnis und den Konflikt zu lösen.

Eine andere Schule, wie sie z.B. von Dr. Margaret Mahler vertreten wird, ist der Meinung, daß Kinder im Alter von drei Jahren ihre Trennungsängste im wesentlichen überwunden haben. Nun besitzen sie die Freiheit, mit dem grundsätzlichen Gefühl der Sicherheit und des Vertrauens ihre Umgebung zu erforschen. Auf jeden Fall können aufgeschlossene, neugierige Kinder zu gelangweilten, desinteressierten Erwachsenen werden, wenn man ihr Bedürfnis nach Wissen nicht fördert. Die frühe Neugier sollte in die Bahnen des Erforschen- und Lernen-Wollens gelenkt werden.

Neugier ist die Antriebsfeder, die hinter dem kindlichen Wunsch und dem Bedürfnis steht, die neuen Dinge genau kennenzulernen, denen das Kind jeden Tag begegnet. Wenn die Aufgabe zu schwer erscheint oder die Herausforderung zu groß ist, ist das Ergebnis Verwirrung und Staunen.

Neugier und Verwirrung werden in der Körpersprache durch weit geöffnete Augen und ein Hinwenden des Körpers, auch durch Berühren und Kosten mit dem Mund ausgedrückt.

Der dreijährige Gerry drückt seine Neugier und seine Verwirrung über seine fünf Tage alte Schwester durch weit offene Augen und leicht geschürzte Lippen aus. Er unterstreicht sein Interesse durch die Haltung seines ganzen Körpers und dadurch, daß er sich so nah wie möglich zum Gesicht des Babys hinwendet.

Je länger man diese Fotografie der neun Monate alten Michele betrachtet, desto mehr möchte man erfahren, was sie so sehr verwirrt oder fasziniert hat. Ihre extrem weit geöffneten Augen und der zusammengepreßte Mund vermitteln den Eindruck der Konzentration. Man spürt den Wunsch, alles untersuchen zu können, und die ewig neue Überraschung über all die unbekannten Begebenheiten des täglichen Lebens.

Wie funktioniert das?

Es ist oft erheiternd, wenn ein Kind Gefühle durch Gesten ausdrückt, die zu Klischees geworden sind, z.B. wenn es sich am Kopf kratzt, um Verwunderung auszudrücken. Adam bekommt nicht heraus, wie er seinen Schlafanzug anziehen soll - deshalb kratzt er sich eine Zeitlang den Kopf, dann gibt er auf und ruft seine Mutter zu Hilfe.
Andere Kinder, die weniger gelassen und ungeduldiger sind, werden durch solche Situationen leicht frustriert. Möglicherweise werden sie zu sehr gedrängt, die Dinge schnell richtig zu machen, und geraten dann in Panik, wenn eine knifflige Sache noch zu schwierig für sie ist.

Wieder andere wollen nie neue Dinge ausprobieren, vielleicht weil sie niemanden gefunden haben, der bereit war, sie die Lösung einfacher Aufgaben mit Geduld und Einfühlung zu lehren.

Gibt es für einen Vierjährigen ein besseres Spielzeug als einen alten Wecker? Adam kann ihn auseinandernehmen, herausfinden, wie die Zeiger funktionieren und seine Neugier befriedigen.

Der einjährige David wollte gern vom Brot seiner älteren Schwester abbeißen. Als er gekostet hat, ist er über den neuen Geschmack sehr verwirrt. Das Schürzen der Lippen zeigt an, daß er enttäuscht ist.

Orale Neugier

Im ersten Lebensjahr zeigen die meisten Kinder orale Neugier; einige sind dabei beharrlicher als andere. Da es sehr schwer ist, die Umgebung vollkommen kindersicher zu machen (besonders, wenn die Kinder auch im Freien spielen), kann dies sehr gefährlich werden.

Das Verständnis von Körpersprache kann manche Situation retten. Eine Mutter erzählte mir, daß sie schon an der Art des Krabbelns erkennen konnte, wann ihre Tochter auf die Zimmerpflanzen zusteuerte, deren Blätter sie auslutschen wollte (was für einige Wochen eine wahre Leidenschaft des Kindes war).

Morgan lutschte nie am Daumen, alles andere aber mußte er in den Mund nehmen. Als er sieben Monate alt war, fotografierte ich ihn, wie er den Zuleitungsschlauch für seine Badewanne probierte. Einige Monate später, als er das erste Mal den Garten erforschen konnte, wollte er alle Blumen in den Mund stecken.

Gefahren der Neugier

In ihrem ersten Lebensjahr lernen Kinder mehr, als sie in irgendeinem anderen Lebensjahr lernen. Ihre Neugier treibt sie dazu, alles zu betrachten, zu kosten und zu berühren. Es ist schwierig, immer zu wissen, wann man durch seine Verbote die Kinder in ihrer Entwicklung hemmt und wann sie echten Gefahren ausgesetzt sind. Leider ist die Angst vieler Eltern vor Unfällen im Haushalt nur allzu berechtigt, denn es gibt viel zu viele davon.

Wenn man lernt, die Körpersprache der Kinder zu deuten, und ihre Absichten dementsprechend richtig vorhersagen kann, trägt dies zur Verhütung von Unfällen bei.

Der einjährige Johnny hat eine Steckdose entdeckt, aber seine Mutter paßt auf. Gerade als er an der Schnur ziehen will, hält ihr scharfes »Nein« ihn davon ab. Seine Hände fliegen von dem begehrten Gegenstand weg, er zuckt zurück und schaut schuldbewußt zu ihr auf. Viele, viele ähnliche Warnungen werden notwendig sein, bis Johnny lernt, was er ungefährdet erforschen darf. Bis dahin vertraut seine Mutter auf ihre Fähigkeit, den »besonderen Blick« zu erkennen, mit dem er auf ein neues Abenteuer losgeht.

Später sagen Kinder oft das vertraute »Nein« vor sich hin, wenn sie dabei sind, etwas Verbotenes zu tun. Selma Fraiberg erwähnt, daß dieses Verhalten den Prozeß unterstützt, mit dem Kinder die Gebote der Eltern verinnerlichen und ihr Gewissen entwickeln.

Die Sprache der Hände

Der allgemeinste Ausdruck in der Körpersprache für Verwunderung besteht darin, daß eine Hand zum Mund geführt wird. Alle folgenden fünf Fotografien zeigen Kinder, die diese Geste ausführen.

Maya, drei Jahre alt, überlegt, ob sie wirklich einen Schluck Kaffee von ihrer Mutter haben will. Diese sagt, er würde Maya nicht schmecken, weil er stark und bitter ist. In wenigen Momenten wird Maya sich dafür entscheiden, das selbst herauszufinden – mit enttäuschendem Ergebnis.

Sarah ist ein Jahr alt. Ich habe nie beobachtet, daß ihre Eltern diese Geste benutzen, so daß sie sie nicht von ihnen gelernt haben kann. Sie muß Teil ihres angeborenen biologischen Erbes sein. Charles Darwin hat herausgefunden, daß Grundempfindungen wie Glück, Traurigkeit, Überraschung, Wut, Furcht und Ekel von frühester Kindheit an in fast allen Kulturen mit denselben Gesten ausgedrückt werden.

Fingersprache

Alle diese drei Kinder sind in der Schule und versuchen, Aufgaben zu lösen; es scheint ihnen beim Denken zu helfen, wenn sie einen Finger in den Mund stecken.

Die ersten beiden überlegen sich die Antworten zu einer Frage, die der Lehrer gestellt hat.

Die fünfjährige Tami (rechts) wurde mit einem relativ neuen Problem konfrontiert. Sie geht auf eine sogenannte »Freie Schule«, wo sie selbst herausfinden soll, was sie mit ihrer Zeit anfängt, was sie an diesem Tag lernen möchte. Der Lehrer versucht, Tami nach Kräften zu unterstützen und wird offensichtlich schon etwas ungeduldig dabei, aber Tami überlegt noch immer.

NEGATIVE EMPFINDUNGEN

Die Empfindung kann Trotz, Widerstand, Frustration oder Negativismus genannt werden. Manche Leute sprechen vom »Trotzalter« oder von der »Nein-Phase«.
Wie auch immer die richtige Definition heißen mag, die Körpersprache ist deutlich. Von den gekrümmten Schultern eines kleinen Mädchens, das nicht auf Gras laufen mag, bis zum ausgewachsenen Wutanfall einer Dreijährigen, die nicht zu Bett gehen will, machen alle diese Kinder ihren Gefühlen in erkennbarer Weise Luft.
In diesem Stadium runzeln Kinder die Stirn, schürzen die Lippen, ziehen die Schultern hoch und fuchteln mit Armen und Beinen. Einige benutzen die Hände, um verschwinden zu machen, was sie nicht sehen wollen, oder bedecken die Ohren, um ihre Eltern nicht hören zu müssen.

Manchmal erfordert es echte Detektivarbeit, wenn man herausfinden will, warum z.B. ein einjähriges Kind, dessen Wortschatz noch nicht sehr weit reicht, einfach unbeweglich stehenbleibt und offensichtlich verstört ist. In diesem Fall stellte sich heraus, daß Melissa, die noch niemals zuvor auf Gras gelaufen war, das Gefühl beunruhigend fand und zum Laufen auf einen glatteren Untergrund gestellt werden wollte.

Die Errungenschaft des Sauberwerdens trifft normalerweise mit dem Höhepunkt des Trotzalters zusammen – kein Wunder. Denn die Disziplin, die das Sauberwerden erfordert, ist schwer zu erlernen. Trotz all unserer Kenntnisse über die Gefahren, die darin liegen, dieses Stadium beschleunigen zu wollen, verursacht das Sauberwerden doch noch manch einen Kampf und heftige Gefühle auf beiden Seiten. Die zweieinhalbjährige Chrissy verkündet, daß sie fertig ist; ihr Ausdruck macht ohne Zweifel deutlich, daß es ihr nicht allzu viel Spaß gemacht hat, ihre »Pflicht« zu erfüllen.

Weigerung

Die zweijährige Amy mag nicht angezogen werden; sie protestiert, indem sie die Stirn runzelt und die Unterlippe vorschiebt. Sie zeigt ihrer Mutter, daß sie sich ausgenützt fühlt. Die rechte Hand jedoch scheint weniger aus Protest erhoben zu sein als in einer geduldigen, hilfreichen Geste, die den Vorgang des Anziehens beschleunigen soll. Amy ist auf dem besten Wege, eine der unangenehmen Tatsachen des Lebens zu lernen, nämlich, daß man morgens angezogen werden muß.

Man braucht kein Detektiv zu sein, um herauszufinden, daß weder Robin noch Edward mögen, was ihnen vorgesetzt wurde. Der fünfjährige Robin sitzt nur da und rührt das Gemüse nicht an, aber sein Mund hat sich zu einem engen Kreis geformt, als wolle er sagen: »Durch diese Öffnung kommt nichts durch.« Die Augen beobachten: Ob es die Mutter wohl merkt? Die Mutter weiß, daß es ihrem gesunden Sohn nicht schadet, wenn er hin und wieder einen Teil seines Essens zurückläßt, deshalb ignoriert sie Robins Taktik. Diese vernünftige Haltung der meisten Eltern von heute hat dazu beigetragen, daß die hysterischen Szenen beim

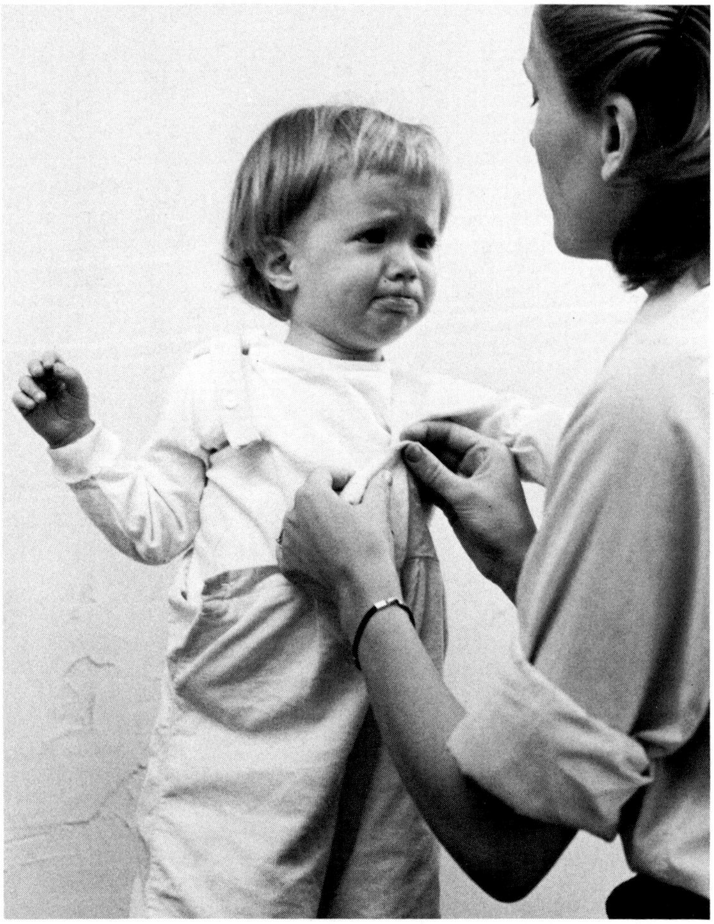

Essen allmählich verschwinden, die früher üblich waren, als der Teller unfehlbar leer gegessen werden mußte. Heute machen sich Eltern Sorgen, wenn Kinder zuviel essen.

Edward, anderthalb Jahre alt, weicht vor seinem Teller und dem angebotenen Löffel zurück, wirft die Hände in die Höhe, schürzt die Lippen; offensichtlich ist der Versuch, ein neues Gemüse auszuprobieren, mißlungen.

Hinnehmen, was man nicht abwenden kann

Zwei Jahre sind vergangen, und Edward, inzwischen dreieinhalb, sitzt beim Friseur. Daß ihm die Haare geschnitten werden sollen, begeistert ihn nicht, aber er hat sich damit abgefunden. Es wäre schwer, genau mit Worten zu beschreiben, was er mit seinem Mund macht, um diese beiden Empfindungen auszudrücken, aber wir verstehen ihn auch so. Seine Haare konnten geschnitten werden, ohne daß er allzuviel Theater machte.

Widerstand

Ich habe viele Tage mit Müttern von kleinen Kindern verbracht, deren Leben Runde um Runde eines ständigen Diskutierens und Kämpfens mit ihren Kindern zu sein scheint. Oft stellte ich fest, daß sie am Nachmittag aus schierer Erschöpfung bereit waren, die Regeln umzuwerfen, die sie am Morgen aufgestellt hatten. Sie wissen, daß es noch mehr Ärger gibt, wenn sie inkonsequent sind – aber für eine kleine Ruhepause wollen sie jeden Preis zahlen. Nur noch ein Zusammenprall entgegengesetzter Wünsche an diesem Tag und sie werden überkochen statt sanft zu argumentieren, sagen sie.

Es ist kurz vor dem Abendessen. Louise hat ihrer Tochter Sheila gesagt, daß sie in fünf Minuten mit dem Spielen aufhören muß. Aber Sheila, drei, will noch spielen. Als ihre Mutter auftaucht, hält sie die Hände vor Augen und Ohren, um die unwillkommene Gegenwart der Mutter nicht bemerken zu müssen. Louise gelingt es, freundlich zu bleiben, sie schlägt vor, die Spielsachen gemeinsam wegzuräumen. Sheila beteiligt sich nicht daran, sondern geht ein Stück zurück und steckt in einer wohlbekannten Geste des Trotzes die Zunge heraus. Zum Händewaschen und Abendbrottisch muß die Mutter sie tragen. Dies geschieht auf feste, freundliche Weise, aber es ist nicht ganz leicht, den ganzen Tag, jeden Tag, so freundlich zu bleiben.

Kinder brauchen aber klare Grenzen und ein Gefühl für Ordnung in ihrer Umgebung, dies hilft beim Erlernen von Selbstkontrolle. Das ist Disziplin, die alle Kinder brauchen, um zu glücklichen, konstruktiven Erwachsenen zu werden.

Wutausbrüche

Es ist besonders schwierig, in der Öffentlichkeit mit einem aufsässigen Kind umzugehen. Viele Mütter haben Angst vor einer »Szene« und lassen ihren Kindern deshalb in der Öffentlichkeit Verhaltensweisen durchgehen, die sie zuhause nicht dulden würden.

Wenn es Zeit zum Nachhausegehen ist und nichts anderes hilft, muß dem Kind gezeigt werden, wer der Stärkere ist. Es stößt vielleicht mit den Füßen und schreit, aber ein anderer Teil des Kindes wird das Gefühl begrüßen, daß ein starker Erwachsener, der es gut meint, auf es achtgibt.
Im Moment schreit der zweijährige Morgan (unten), springt auf und nieder und versucht, den Griff der Mutter zu lockern. Die gerunzelte Stirn der Mutter zeigt, daß sie ärgerlich ist, aber sie weiß, daß sie etwas von Morgan verlangt, das vernünftig und unvermeidlich ist; es würde die Situation nur verschärfen, wenn sie jetzt die Nerven verlöre.

Cindy (rechts) ist in den vergangenen Monaten ein schwieriges und anstrengendes Kind gewesen. Die Mutter kann es kaum erwarten, daß Sie das Trotzalter endlich überwindet. Ihr eigener Gesichtsausdruck und der feste Griff deuten an, daß ihre Geduld ein wenig strapaziert ist. Wenn sie sich in einen Wutausbruch hineingesteigert haben, erscheinen die meisten Kinder doppelt so stark wie sonst. So auch Cindy: Sie brüllt, während sie gleichzeitig mit den Armen fuchtelt und mit den Füßen aufstampft. Die Versuchung, solchen starken Ausbrüchen nachzugeben, ist groß, aber Pädagogen warnen davor: wenn das geschieht, lernt das Kind, das Wutausbrüche *funktionieren,* daß die Eltern ihren eigenen Willen zurückstellen, und es wird noch mehr Ausbrüche geben als vorher.

Herausforderungen

Chrissy (linke Seite) ist offentlich über das Stadium hinaus, in dem man mit ihr diskutieren kann. Vermutlich hat die Fünfjährige schon vergessen, was eben noch ihren Ärger erregt hat, trotzdem hält das Schreien und Weinen an. Zum Glück ist so etwas selten. Ihre Mutter tröstet sie in solchen Fällen und sagt ihr, daß sie sie lieb hat. Langsam vergißt Chrissy, was sie ursprünglich wollte. Sie bekam es nicht, aber sie wurde auch nicht dafür bestraft, ihre Wünsche ausgedrückt zu haben. Auch dann nicht, als ihre Forderung unerträgliche Formen annahm.

Einerseits möchte man Kindern nicht einfach verbieten, ihre Gefühle auszudrücken, andererseits will man nicht erlauben, daß Wutausbrüche zur Regel werden, wenn ihnen irgendetwas mißfällt. Die schmale Mitte zu finden, ist nicht einfach.
Manche Eltern und Lehrer haben eine besondere Technik entwickelt, um die Aggressivität bei Kindern abzuleiten oder zu mildern, ohne sie unterdrücken zu müssen. Wenn sie (vielleicht durch körperliche Signale) bemerken, daß sich etwas zusammenbraut, fördern sie den Ausdruck der Feindseligkeit in »geordneten Bahnen«, indem sie vielleicht ein Rollenspiel, Tanz oder Singen vorschlagen.

Die siebenjährige Isabel und ihre Freunde tun genau das – mit großer Hingabe und Heiterkeit. Im Verlaufe der wilden Musik und allgemeinen Narretei kann Isabel ihre gemischten Gefühle wegen meiner Anwesenheit ausdrücken, ohne unhöflich sein oder vorgeben zu müssen, mich zu mögen. Vielleicht bin ich auch nur eine willkommene Zielscheibe, an der sie eine Frustration abreagiert, die gar nichts mit mir zu tun hat.

LIEBE UND SEXUALITÄT

Das Vorhandensein von Liebe ist untrennbar mit ihrem konkreten Ausdruck durch Körpersprache verbunden. Hände berühren sich, Körper neigen sich einander zu, Gesichter lächeln, Augen strahlen.

Als ich meine Fotos durchsah, um herauszufinden, in welchem Alter ein Baby Liebe ausdrücken kann, sah ich, daß Billy schon mit zwei Monaten auf die Liebe seiner Mutter antwortete. Die Psychologen sind sich im allgemeinen darüber einig, daß das echte soziale, wechselseitige Lächeln mit ungefähr zwei Monaten erscheint, wenn das Kind in seiner Wahrnehmungs- und Verstehensfähigkeit einen bestimmten Grad der Entwicklung erreicht hat.
Weil das Gesicht seiner Mutter nahe genug ist, kann Billy Blickkontakt aufnehmen. Seine Hand berührt das Gesicht der Mutter zärtlich, und seine Mundwinkel sind vor Freude nach oben gezogen.
Die Liebe zwischen Eltern und Kind mag schwer mit Worten zu beschreiben sein. Körpersprache jedoch läßt uns sowohl ihre Anwesenheit als auch ihr Fehlen wahrnehmen.

Die Eltern: Unsere erste Liebe

Mit ungefähr drei Jahren fühlen sich Kinder besonders zum Elternteil des entgegengesetzten Geschlechts hingezogen. Ihre Körpersprache zeigt das deutlich: Sie wollen umarmen, küssen und streicheln.

Amelia betet ihren Vater an. Sie hat Glück, denn ihr Vater erwidert ihre Liebe, ohne verführerisch zu sein.

Ausdruck der Liebe

Die Körpersprache des dreijährigen Scott zeigt die glückliche Erregung, die Kinder dieses Alters beim körperlichen Kontakt mit ihren Eltern empfinden. Sein Arm bewegt sich, als wolle er überwältigende Gefühle abwehren.

Wenn sie einmal sicher über die Verwirrungen und Umwälzungen hinweg sind, die Liebe und Eifersucht in den Jahren von drei bis sechs mit sich bringen, identifizieren sich die meisten Kinder erfolgreich mit dem Elternteil des gleichen Geschlechts. Die meisten Pädagogen und Psychologen betonen, daß es wichtig ist, Kindern viele greifbare Liebesbeweise zu geben, auch wenn sie keine »Babies« mehr sind. Maya (rechts) ist auf diesem Foto neun Jahre alt. Sie liebt es, wenn ihr die Mutter am Wochenende erlaubt, morgens zu ihr zu kommen und mit ihr zu schmusen. Sie drücken ihre enge Verbundenheit durch harmonische, runde Bewegungen aus.

Liebe zwischen Geschwistern

David beugt sich zu seiner kleinen Schwester Laurie herüber, die mit ihrem ganzen Körper, ihrer Hand und ihrer Zunge nach ihm »greift«. Selbst wenn man den Gesichtsausdruck der beiden Kinder nicht sehen könnte, würde man aus ihren Gesten erkennen, daß sie sich lieben.

Das rechte Bild, das den vierjährigen Lars zeigt, wie er seine neugeborene Schwester Kristina liebevoll betrachtet, ist kein »Zufallstreffer«. Mehr als irgendein anderes Kind, das ich kenne, zeigte Lars von Anfang an positive Gefühle gegenüber seiner kleinen Schwester. Ich besitze viele Bilder, die die Liebe und Harmonie zwischen ihnen zeigen. Auf diesem Foto ist sein Lächeln zärtlich und fröhlich, sein Arm stützt das Kind, es gibt kein Zeichen von Feindseligkeit in irgendeinem Körperteil. Beide Kinder sind entspannt und fühlen sich wohl.

Tierliebe

Ein Tier zu lieben, kann eine hervorragende Vorbereitung dafür sein, einen anderen Menschen zu lieben und für ihn zu sorgen. Glücklicherweise geben Tiere es mit ihrer eigenen Körpersprache zu verstehen, wenn sie sich mißhandelt fühlen, weil ihr Besitzer vielleicht noch zu jung oder zu aggressiv ist, um ein Tier haben zu dürfen.

Der vierjährige Chip und sein kleiner Hund sind ein reizender Anblick, wie sie sich auf dem Boden rollen, schmusen und spielen. Sie scheinen beide dasselbe »Lächeln« auf dem Gesicht zu haben. Ihre Bewegungen zeigen außerdem, daß sich jeder des anderen bewußt ist: Sie werden sich nicht weh tun.

Maureen, sechs, drückt die Liebe zu ihrem jungen Hund dadurch aus, daß sie sich bückt, um ihm nahezukommen, und ihn umarmt, ohne ihn zu drücken.

Als die damals fünfjährige Chrissy zu mir kam, um die vier Wochen alten Jungen meiner Katze zu besuchen, wußte sie sofort, wie sie mit ihnen spielen mußte. Ihre liebevolle Natur drückt sich durch ihre Bewegungen aus: Sie beugt sich hinunter auf die Ebene des Kätzchens und fordert seine ersten, unsicheren Schritte sowohl durch ihre Worte als auch durch ihre Körpersprache heraus.

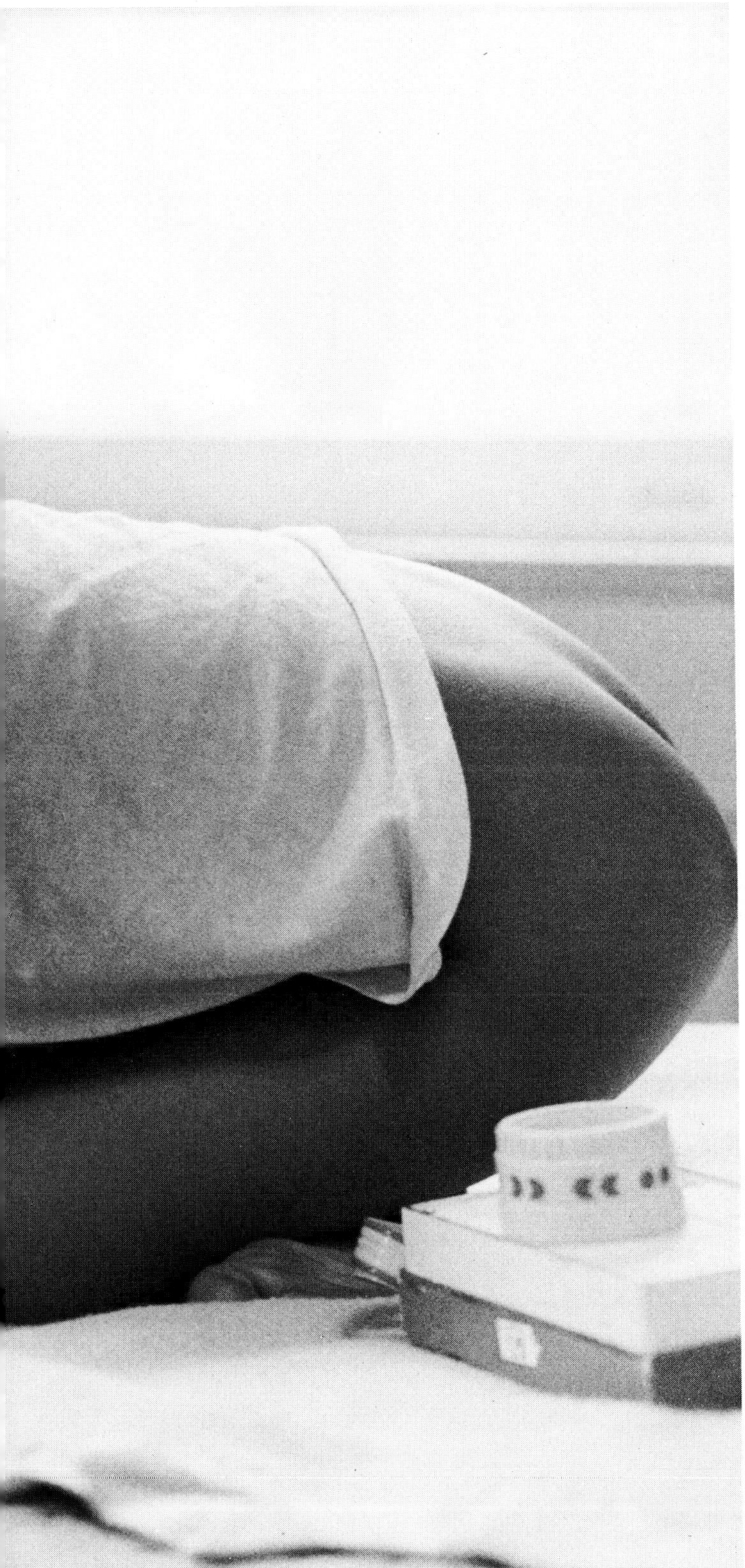

Liebe

Erics Eltern haben dieses Foto sofort an die Wand ihres Zimmers geheftet. Sie fanden, es sei ein wunderschöner Beweis der Liebe und Zärtlichkeit zwischen Bruder und Schwester. Ihre Freude an dem Foto (das bei anderen Eltern vielleicht sogar Unruhe auslösen könnte) beweist ihre gelassene Haltung gegenüber sinnlichen Körperkontakten.

Sexuelle Empfindungen

Versuchen Sie einmal einen Moment lang, im Geist die Kinder auf diesen Seiten durch Erwachsene zu ersetzen. Würden Sie nicht, was sie sehen, als »sexuelle Spiele« bezeichnen?
Maya, fünf, und Ian, drei, sind Bruder und Schwester, die mit soviel Freiheit und Respekt vor ihrer wahren Natur wie möglich aufgezogen werden. Sie laufen oft nackt herum und halten das nicht für etwas, dessen man sich schämen müßte.
Es gibt jedoch gegensätzliche Ansichten darüber, ob das Ausspielen aller ihrer Gefühle deren Reifung fördert oder behindert.

GESCHWISTER-RIVALITÄT, EIFERSUCHT UND AMBIVALENZ

Eifersucht ist aus dem Familienleben nicht wegzudenken. Die Erstgeborenen müssen lernen, ihre Eltern mit den nachkommenden Geschwistern zu teilen. Später, wenn sich zwischen jedem einzelnen Kind und den Eltern Einzelbeziehungen herausgebildet haben, werden die unvermeidlichen Unterschiede in diesen Beziehungen deutlich von den Kindern empfunden. Es ist fast unvermeidlich, daß jedes auf das andere in unterschiedlicher Stärke eifersüchtig ist.
Sogar Kinder, die wenig oder gar nichts über diese Gefühle sagen, verraten sie durch ihre Körpersprache.

Die dreijährige Valerie drückt ihre Eifersucht auf subtile Weise aus. Zunächst beißt sie sich auf die Unterlippe, dann hält sie ihrer Mutter die Augen zu, damit das Baby auf diese Weise »verschwindet«. Könnte sie ihre Gefühle deutlicher machen?

Eifersucht im Alltag erkennen

Um die Mutter vom Baby abzulenken, hat ihr Christopher, drei, gerade eine lustige Geschichte erzählt. Dann hat er die Mutter gebeten, ihm die Schuhbänder zuzubinden. Jetzt »spielt« er mit dem Baby. Daß die kleine Schwester sein Spiel (ganz zu Recht) als aggressive Handlung versteht, kann man an dem erschreckten Ausdruck ihrer Mundpartie und der angespannten Haltung ihrer Hand erkennen.
Die Mutter scheint gelassen. Ich hatte sogar den Eindruck, daß sie Christophers Eifersucht nicht ernst genug nahm. Aber im Laufe des Tages erwähnte sie beiläufig, daß zum jetzigen Zeitpunkt nicht daran zu denken wäre, die Kinder auch nur eine Sekunde alleine zu lassen. Offensichtlich hatte sie die nicht-verbalen körperlichen Signale, mit denen ihr Christoper seine Eifersucht mitgeteilt hatte, durchaus richtig verstanden.

Zweijährige drücken ihre Eifersucht selten durch Worte aus, sie stellen sie dar und reagieren sie ab – oft auf kompliziertere Art, als es die vorangegangenen Fotografien gezeigt haben. Chrissy, die ihre eigene Flasche längst nicht mehr braucht, greift nun bei jeder Gelegenheit, die sich bietet, nach dem Fläschchen ihrer kleinen Schwester, besonders wenn ihre Mutter gerade das Baby versorgt. Wie viele andere Kinder in ihrer Lage regrediert sie zu säuglingshaftem Verhalten. Andere Kinder fangen manchmal an zu stottern und werden Bettnässer; sie zeigen ganz allgemein eine größere Abhängigkeit, wenn das Neugeborene ankommt. Solche Regression zu einem babyhaften Verhalten, insbesondere der Griff nach der Flasche, kann übrigens zu einem lebenslangen Syndrom führen: Auch der Erwachsene wird häufig bei übermäßigem Trinken und Essen Trost suchen.

Geschwister-rivalität

Die Stellung des »mittleren« Kindes in der Familie gilt im allgemeinen als besonders prekär. Das älteste Kind nimmt einen besonderen Platz ein, genauso wie das Neugeborene: Das mittlere Kind ist eifersüchtig auf beide. Mal möchte es die Privilegien und die Verantwortlichkeiten haben, die das ältere Kind hat, mal wäre ihm die Fürsorge lieber, die das Baby genießt.

Der siebenjährige Billy wurde beauftragt, sich um den kleinen Kevin zu kümmern. Der vierjährige Robert, das mittlere Kind, sitzt eifersüchtig daneben und brütet. Sein Blick ist starr, die Mundwinkel sind nach unten verzogen, er krümmt die Schultern und streichelt sich mit der Hand.
Billy, der in den vergangenen Jahren mit seiner Eifersucht auf Robert leben mußte, zahlt es ihm nun heim, indem er seine neuen Privilegien mit dem Baby betont. Dadurch daß er das Baby so hält, daß es seinem Bruder den Rücken zukehrt, schließt er den Jüngeren von jeder Beteiligung aus.

Der sechsjährige Adam (rechte Seite) drückt seine Eifersucht sowohl verbal als auch nichtverbal aus. Nachdem er zugeschaut hat, wie seine Mutter den kleinen Peter gebadet und angezogen hat, kriecht er plötzlich unter das Kinderbett und verkündet: »Ich bin jetzt im Babygefängnis!«
In diesem Fall drückt sich die Körpersprache darin aus, *wohin* er geht (unter das Bettchen, in ein vorgestelltes Gefängnis). Eine ausdrucksstarke Mitteilung, die seinen Gefühlen sehr deutlich entspricht!

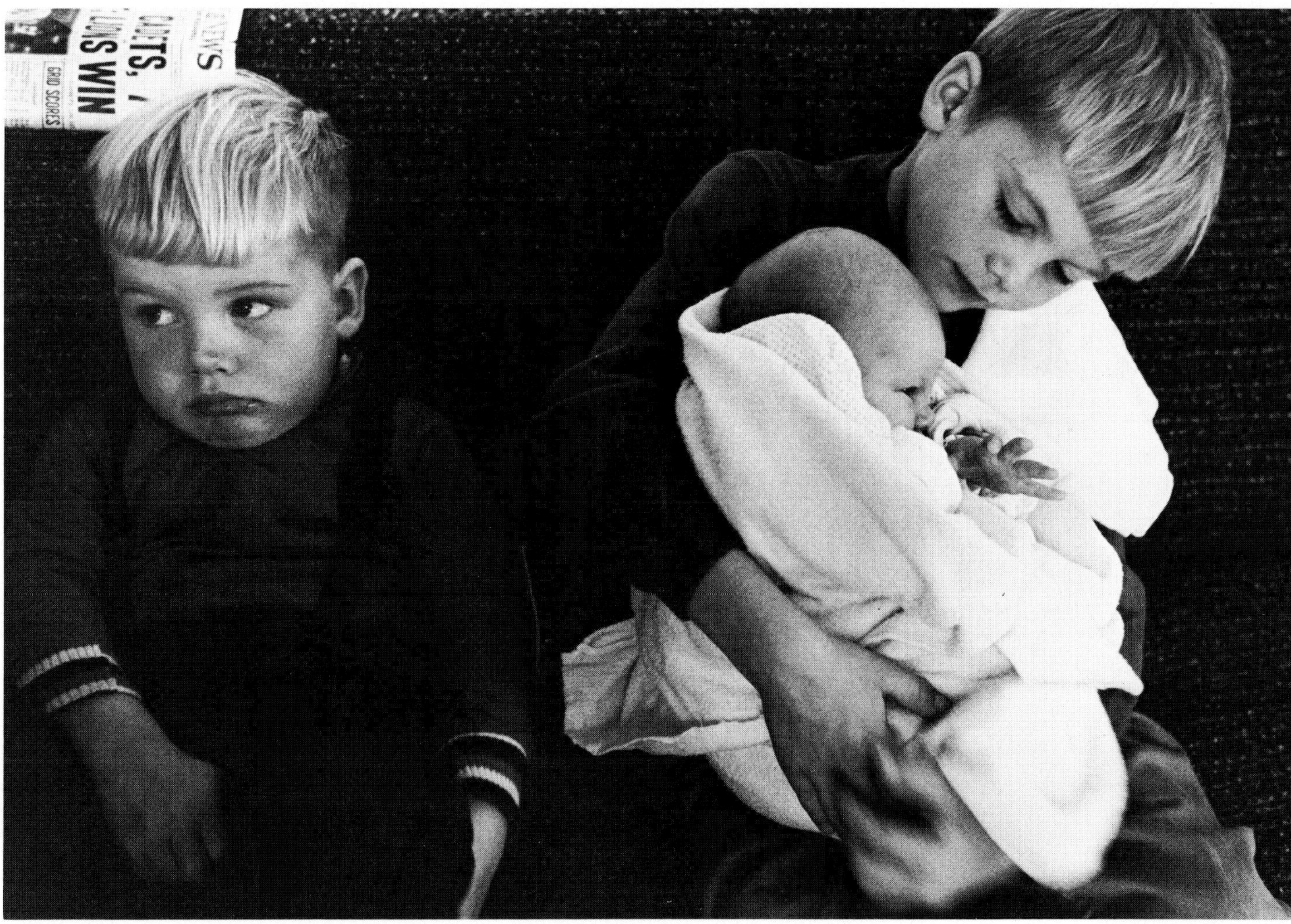

Ambivalenz gegenüber dem Neugeborenen

Die Mutter ist gerade mit dem Neugeborenen aus dem Krankenhaus nach Hause gekommen. Die zweijährige Minty hat sich sehr auf diesen Augenblick gefreut. Und doch – als die Mutter sie fragt, ob es nicht schön wäre, wenn das Baby in Mintys altes Körbchen gelegt würde, sagt Minty »ja«, sieht aber aus, als hätte sie »nein« gesagt.
Auf dem ersten Bild sehen wir sie weggucken, das Gesicht hat einen verzweifelten Ausdruck. Auf dem zweiten schaut sie noch immer nach unten, während sie den zärtlichen Worten ihrer Mutter zuhört. Ihre rechte Hand bewegt sich abwinkend, als wolle sie sagen: »Nimm sie weg!«

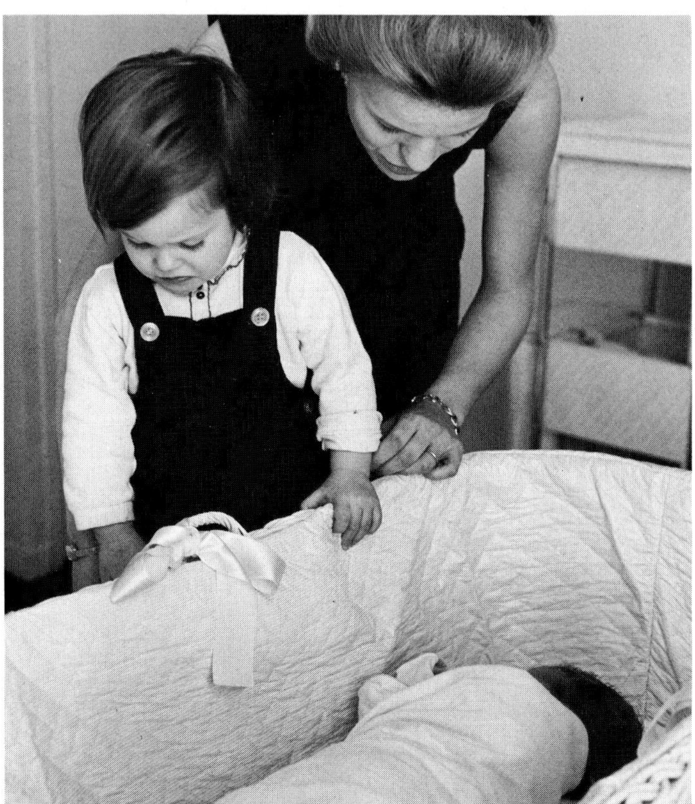

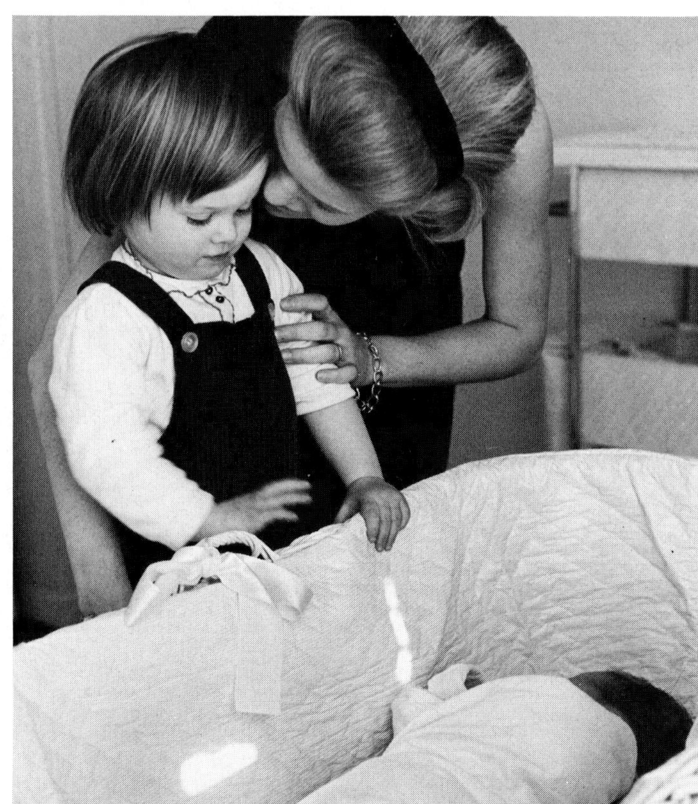

Auf dem dritten Bild haben die Worte der Mutter Mintys Neugier erweckt, sie ist bereit, die Neuangekommene zu berühren. Vorsichtig, zögernd bewegt sie ihre Hand hin und zurück.

Inzwischen ist das Baby wach, Minty hat ihre erhöhte Stellung aufgegeben, und sie drückt ihre zwiespältigen Gefühle aus, indem sie einerseits zwar freundlich guckt, andererseits aber auf den Rand des Körbchens beißt. Auf dem letzten Bild hält die Mutter zärtlich ihre Hand, und Minty ist schließlich bereit, das Baby anzufassen. Sie ist entzückt, als die kleine Melissa ihre Finger umfaßt. Vielleicht ist es doch nicht so schlecht, ein Baby im Hause zu haben?

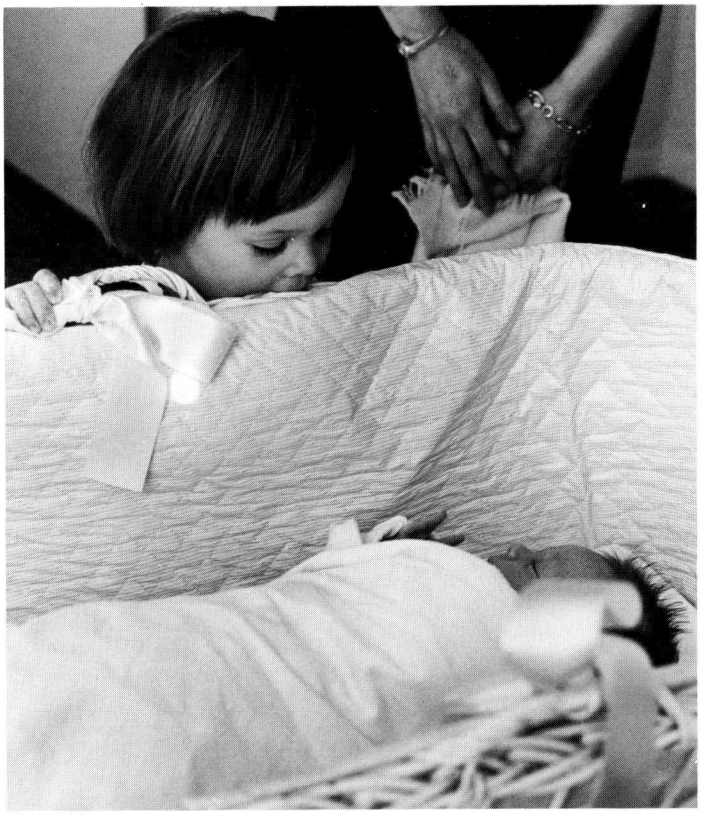

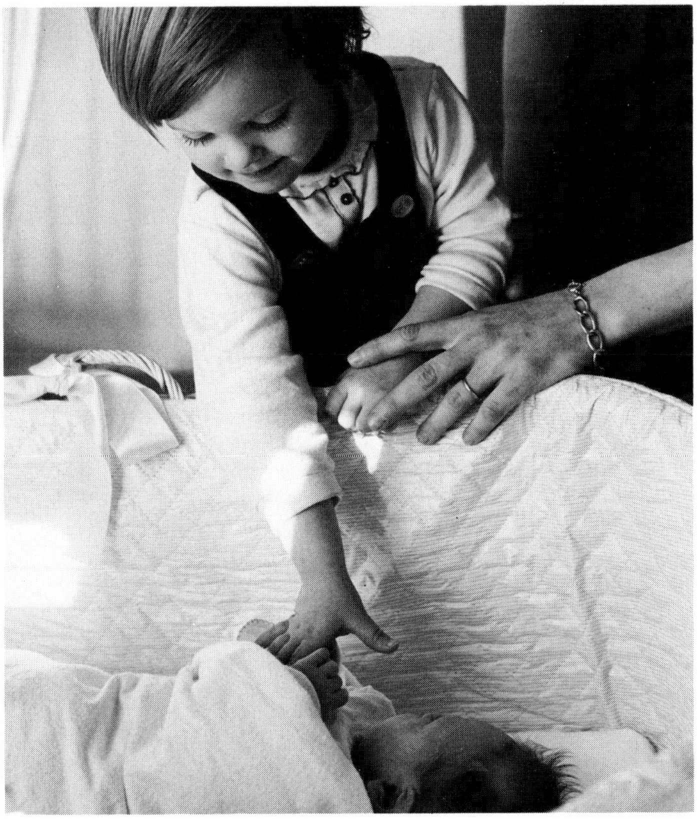

FEIND-SELIGKEIT

Ob es uns gefällt oder nicht, Feindseligkeit gehört zu unserer emotionalen Ausstattung. Kein Baby kann aufgezogen werden, ohne daß ihm je die Erfüllung seiner Wünsche verweigert wird, und Frustrationen bringen negative, aggressive Gefühle hervor. Ein Kind, das immer feindselig ist, ist mit Sicherheit nicht gesund und nicht glücklich. Andererseits ist es aber natürlich, daß auch bei Kindern, die genügend Liebe empfangen und zurückgeben können, gelegentlich negative Empfindungen auftreten. Wut findet ihren Ausdruck durch verkleinerte Augen, gerunzelte Stirnen und herunterhängende Mundwinkel; die Hände sind drohend erhoben.

Puppen sind eine sichere und leicht zugängliche Zielscheibe für den Zorn eines Kindes; dies ist einer der Gründe, warum Pädagogen heutzutage empfehlen, sowohl Jungen als auch Mädchen mit Puppen spielen zu lassen.
Ich habe nichts beobachten können, was die Handlung der anderthalbjährigen Carole vorbereitet hätte: Ganz plötzlich nahm sie ihre Puppe, mit der sie gerade spielte, hoch und biß sie mit aller Kraft. Ihr Gesichtsausdruck verrät nichts, er zeigt keine wirkliche Wut, und auch die Hände halten die Puppe ganz ruhig. Der einzige Hinweis auf das Motiv liegt in den Augen des Mädchens: Sie blicken aufmerksam in Richtung auf die Mutter, die mit ihren eigenen Angelegenheiten beschäftigt ist.

Die vierjährige Maureen schimpft beim Spielen heftig mit ihrer Puppe. »Böses Kind! Hab ich Dir nicht gesagt, Du sollst Dich nicht schmutzig machen? Was soll ich nun mit Dir tun?« Und so fort.
Wir sollten nicht voreilig den Schluß ziehen, daß Maureen lediglich ihre Mutter nachahmt. Vermutlich erfindet sie ihr eigenes Spiel, um ihre feindseligen Gefühle loszuwerden.

Terry, sechs Jahre alt, wird von ihrer Mutter gescholten. Sie ist ein schüchternes, ziemlich ängstliches Kind, so daß sie lediglich den Mund verzieht und die Schelte hinnimmt. Aber halt: was tut ihr rechter Arm? Er bewegt sich. Bildet ihre Hand eine Faust?

Sie zieht ihre Puppe fertig an, und beginnt sie dann plötzlich heftig zu schlagen. Ihr Gesichtsausdruck scheint zu sagen: »Es tut mir mehr weh als Dir.« Terry sieht unglücklich aus, ihre Augenbrauen sind zusammengezogen, der Mund ist zusammengepreßt.
Wieder sollten wir nicht den Schluß ziehen, daß Terry selbst regelmäßig geschlagen wird; Forscher haben herausgefunden, daß selbst Kinder, die niemals geschlagen werden, ihre Aggressionen durch Schläge an Puppen und anderen Kindern auslassen.

Wut und Verachtung

Man bittet mich oft, zwei oder mehrere Kinder zusammen aufzunehmen. Ich weiß, daß man von mir ein Bild erwartet, auf dem Brüder und Schwestern eng zusammenstehen oder -sitzen und lieblich lächeln. Dieses Fantasiebild gelingt selten. Deshalb zeige ich den Eltern lieber, was auf den Fotos tatsächlich vorgeht. Meist kann ich sie davon überzeugen, daß ein aus dem Leben gegriffenes Bild in späteren Jahren genauere Erinnerungen wachrufen wird als eines, das erfolgreich »gestellt« wurde.

Es war mir gerade gelungen, der dreijährigen Elizabeth die kleine Schwester in den Arm zu setzen, um ein hübsches Doppelporträt zu machen. Aber bevor ich auch nur einmal abdrücken konnte, riß Elizabeth dem Baby den Schnuller aus der Hand. Nun gibt sie sich ungehemmter Schadenfreude hin. Das arme Baby: es beginnt gerade zu verstehen, daß der Schnuller nicht mehr in seiner Hand ist, die immer noch greift. Vor Überraschung öffnet es Augen und Mund. Elizabeths Stirn ist gerunzelt, die Augenbrauen und die Nase nach oben gezogen; dies ist normalerweise ein Zeichen von Ekel oder Verachtung und bei einem kleinen Kind ein ganz ungewöhnlicher Ausdruck.

Morgan, vier, bemalt Ostereier. Seine Nachbarin ist mit ihrem Ei schon fertig und zeigt nun, was sie von Morgans Bemühungen hält, indem sie eine Schulter hoch- und den Mund nach unten zieht, während sie zugleich Nase und Kinn leicht nach oben schiebt.

Ich habe versucht, diese komplizierten Signale vor dem Spiegel nachzumachen; denn diese Haltung drückt Verachtung erstaunlich gut aus. Wenn man den Mund nach unten verzieht, drückt das nur Traurigkeit aus, man benötigt auch die anderen Körperteile, um Geringschätzung so deutlich zu demonstrieren, wie es dieses Bild zeigt.

Aggression

Dies ist die einzige Aufnahme, die ich je von einem Kind gemacht habe, das Vater oder Mutter schlägt. Die Überraschung der Mutter wird sichtbar: Sie weicht mit geschlossenen Augen zurück, ihr Mund zeigt die »Oh«-Stellung des Schmerzes. Das Gesicht des zweijährigen Johnny spiegelt nicht nur Wut und Enttäuschung, die er empfand, als ihm gesagt wurde, er müsse zu Bett gehen, sondern auch die Traurigkeit über das, was er gerade getan hat. Seine linke Hand deutet anklagend auf die Mutter, aber sein Mund und seine Stirn sehen aus, als wolle er jeden Moment zu weinen anfangen.

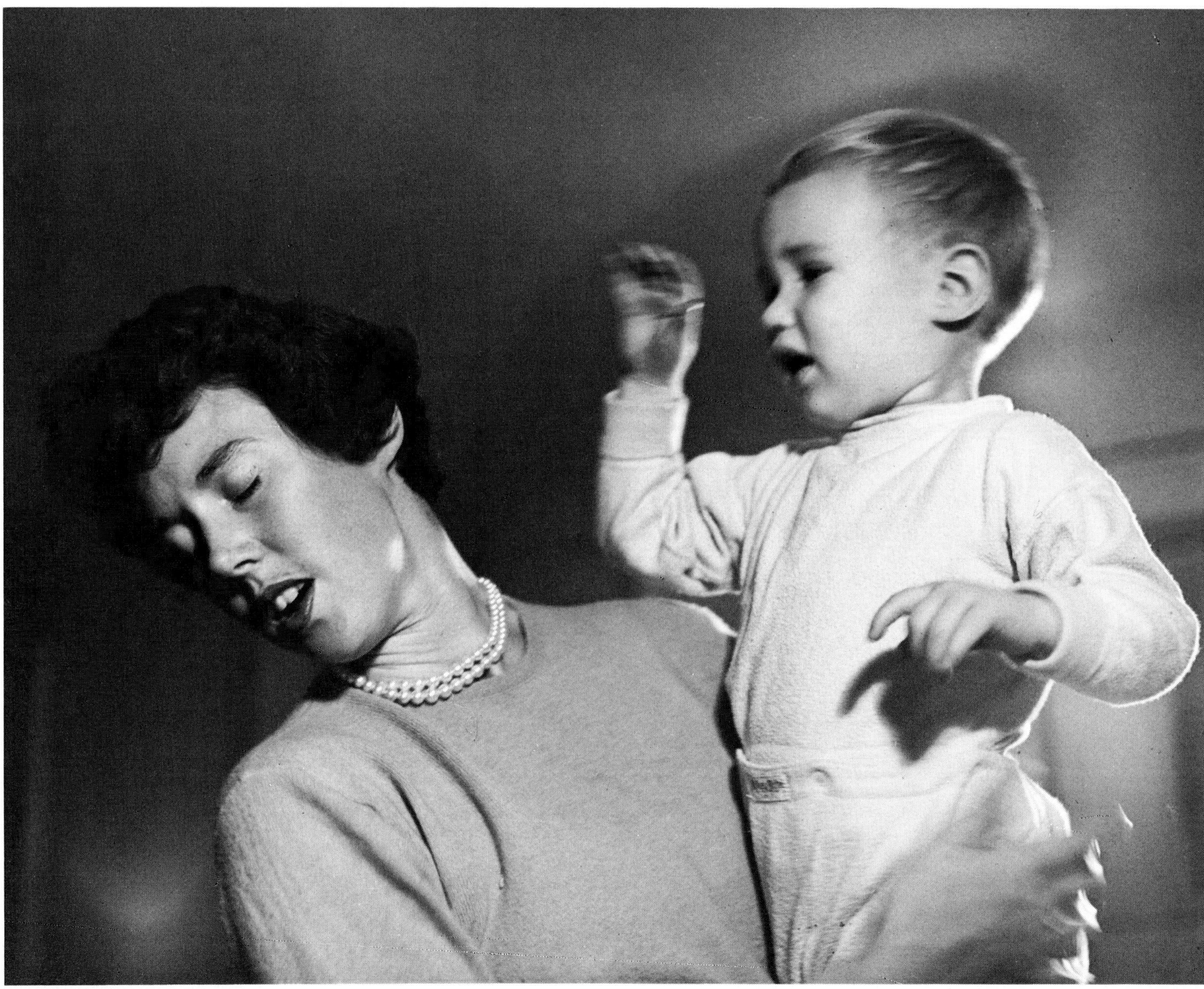

Ich stand zu weit entfernt, um verstehen zu können, worüber John und David sich stritten, aber ihre Körpersprache macht das Raten leicht. Der sechsjährige David klebt an seinem Dreirad und weigert sich, sich von der Stelle zu rühren; John, acht, bedroht ihn in der klassischen Pose der Herausforderung und Überlegenheit. Sein rechter Arm ist erhoben, die Handfläche zeigt nach oben, die Hände bilden Fäuste; er demonstriert seine Stärke und die Bereitschaft zum Kampf.
Diese Szene erinnert mich daran, wie Tiere ihre körperliche Überlegenheit mit ähnlicher Körpersprache behaupten: Katzen machen einen Buckel, Hunde zeigen die Zähne. Meistens macht sich dann der Schwächere sogar noch kleiner und räumt dem Stärkeren kampflos das Feld.

Ich beobachte oft, wieviel Bedeutung Kinder dem Wort »mein« zumessen. Sie mögen Dutzende von Spielsachen haben, nähert sich ein anderes Kind aber nur ihrem Dreirad, bricht sofort ein Kampf aus.
Diese Art von Besitzanspruch bezeichnet aber nicht nur Habsucht, sondern ein positives Stadium der Entwicklung. Ein Kind, das sich der eigenen Person bewußt wird und ein positives Bild seines Selbst zu entwickeln beginnt, wird sich von jedem Angriff auf seine Besitztümer sehr bedroht fühlen. Die Fähigkeit zu teilen bildet sich normalerweise erst aus, nachdem ein Kind ein grundlegendes Gefühl von Vertrauen entwickelt hat.
Johnny, vier, und Gerry, drei, halten sich beide mit aller Kraft am Dreirad fest und greifen sich gegenseitig durch Ziehen, Stoßen und Schreien an. Die Ausdrücklichkeit ihrer Körpersprache zeigt, daß sie ihren Kampf nicht als Spaß empfinden.

Um Besitztümer kämpfen

Weihnachten soll das Fest der Liebe und Freude sein, aber fragen Sie mal bei Eltern nach, und Sie hören jede Menge Geschichten: von Erwartungen, die so hochgeschraubt sind, daß keine Realität sie erfüllen kann; von Kindern, die nur die Geschenke der anderen wollen; von Streitigkeiten, die direkt unter dem Weihnachtsbaum ausbrechen. Es ist schwer, einem Zweijährigen klarzumachen, daß er nicht mit denselben Spielsachen umgehen kann wie sein vierjähriger Bruder.

Eine Murmel ist die Ursache des Kampfes zwischen den fünf Jahre alten, eineiigen Zwillingen Andrew und Jonathan (rechts oben) Ihre Eltern hatten beschlossen, die Anzahl der Streitigkeiten zu verringern, indem sie alles zweimal kauften; dieses Foto zeigt, daß die Kinder trotzdem noch etwas finden, worüber sie sich streiten können.

Geburtstage können noch schlimmere Frustrationen erzeugen. Kinder bekommen gerne Geschenke, aber es fällt ihnen überaus schwer, auch ihre Freunde damit spielen zu lassen. Die vierjährige Susie (rechts unten) ist eines der Kinder, das sich aufregt, wenn ihre Besitztümer von anderen Kindern benutzt werden.
Ihr weit offener Mund, die schmalen Augen und die gerunzelte Stirn zeigen, wie böse sie ist. Billy hält grimmig das Auto fest. Seine Lippen sind geschürzt, die Augenbrauen gesenkt, seine gesamte Körperhaltung ist wütend und unnachgiebig.

UNGLÜCKLICH-SEIN

Die eifersüchtigen, aggressiven und furchtsamen Kinder, die wir im vorangegangenen Kapitel betrachtet haben, sind die meiste Zeit unglücklich. In dem folgenden Abschnitt betrachten wir andere, weniger andauernde Ursachen für Unglück: körperliches Unwohlsein, Schmerz, Aufschub der Erfüllung von Wünschen, Unsicherheitsgefühle und Langeweile.

Sich krank fühlen

Die *einzige* Art, wie uns Säuglinge mitteilen können, daß sie unglücklich sind, besteht in körperlicher Verkrampfung und Schreien. Sie ziehen die Stirn in Falten und die Augenbrauen zusammen, lassen ihren Mund offen hängen oder nach unten fallen, krümmen die Schultern, machen Fäuste und spannen alle Muskeln an. Auch wenn nur eins oder zwei dieser Zeichen des Unglücklichseins vorhanden sind, lernen Eltern, diese »Sprache« ihrer Kinder zu verstehen.

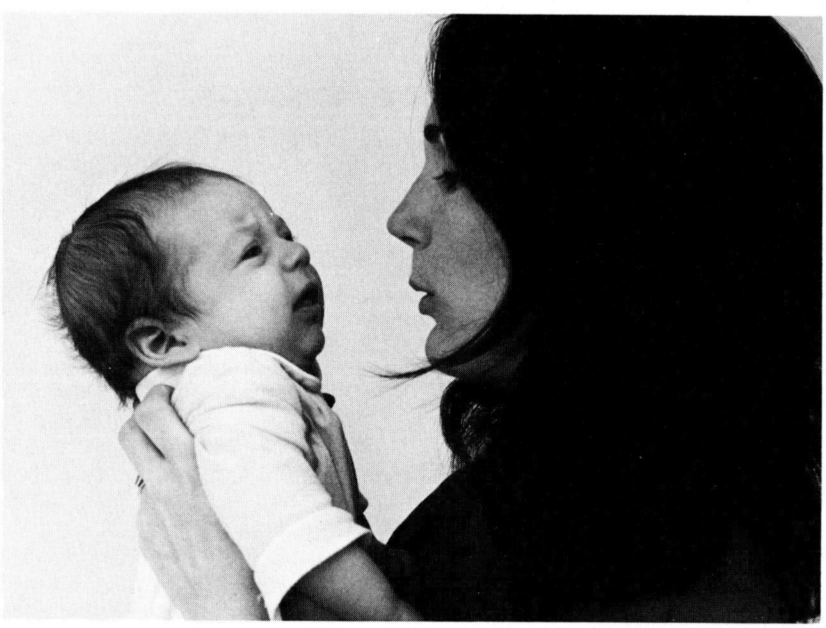

Der sechs Wochen alte David fühlt sich nicht wohl. Seine Mutter, die die Signale seiner Körpersprache richtig versteht, weiß, daß er eine Erkältung bekommt und schenkt ihm viel Aufmerksamkeit und körperliche Zuwendung. Nur Babies, die das Gefühl haben, daß die Welt ein Ort ist, an dem die Menschen auf ihre Bedürfnisse eingehen, können Vertrauen entwickeln. Dies ist ein entscheidender und wichtiger Schritt, um im späteren Leben Leid zu vermeiden.

Unerfüllte Wünsche

Kleine Kinder leben ganz im Moment, es dauert eine Weile, bis sie lernen, Begriffe wie »bald«, »später« oder »nicht jetzt« zu verstehen. Wenn wir das Gesicht der dreieinhalbjährigen Maya (rechts) betrachten, erkennen wir, daß sie denkt, sie würde sich immer scheußlich fühlen. Die Wahrheit ist, daß sie etwas nicht bekommen konnte, was sie auf der Stelle und sofort haben wollte. Aber sie hat ihr Unglück schnell vergessen.
Ich habe eine Weile gebraucht, bis ich verstand, daß man immer in Betracht ziehen muß, was in einem Kind vorherrscht – Unglücklich- oder Glücklichsein –, wenn man den Gemütszustand des Kindes richtig einschätzen will.
Beide Gefühle gehen oft nebeneinander her und verwandeln innerhalb von Sekunden Lachen in Tränen und Unglück in Glück.

Vorübergehendes und dauerndes Unglücklichsein

Elizabeth, drei, ist auf dem Weg nach oben, um dem Fototermin zu entgehen. Sie zieht ihre Kuscheldecke hinter sich her, was nicht nur als Trost, sondern auch dazu dient, die Aufmerksamkeit auf Elizabeths Ärger zu lenken. Nach ihren nach unten gezogenen Mundwinkeln und der gerunzelten Stirn zu urteilen, findet sie die Welt im Augenblick nicht sehr in Ordnung.

Der zweijährigen Allison machen die Veränderungen, die kürzlich in ihrer Familie stattgefunden haben, erheblich zu schaffen. Sie schiebt oft die Unterlippe vor, zieht die Mundwinkel nach unten und starrt lange ins Nichts, als dächte sie angestrengt nach.

Ein Foto spiegelt nur den Eindruck einer Sekunde, es vermag nicht wiederzugeben, ob die dargestellte Stimmung vorübergehend ist oder andauern wird. Allisons gequälter Gesichtsausdruck ist alles andere als vorübergehend: Sie durchlebt eine schwierige Zeit, die durch die bevorstehende Scheidung ihrer Eltern bedingt ist. Daß sich das Verhältnis zwischen den Eltern verändert, ahnt das Mädchen auch deshalb, weil sich die Körpersprache zwischen ihnen verändert.

Daumenlutschen

Das Daumenlutschen wird weit verbreitet als Geste der Unsicherheit und sogar des Unglücklichseins interpretiert. Es stört einige Eltern, andere betrachten es nur als Befriedigung des Saugtriebs, der bei einigen Kindern stärker ausgeprägt ist als bei anderen. Daumenlutschen kann bei Säuglingen auch ein Zeichen von Hunger sein, ein weiteres Moment der Körpersprache, das den Eltern wertvolle Hinweise gibt.

Mary Beth, vier, lutscht am Daumen, wenn sie müde ist. Sie zieht sich dann gern in sich selbst zurück, ihre Augen sind verträumt. Ihre Eltern kennen dies inzwischen und versuchen, sie zu einem Schläfchen zu überreden, wenn sie so aussieht.

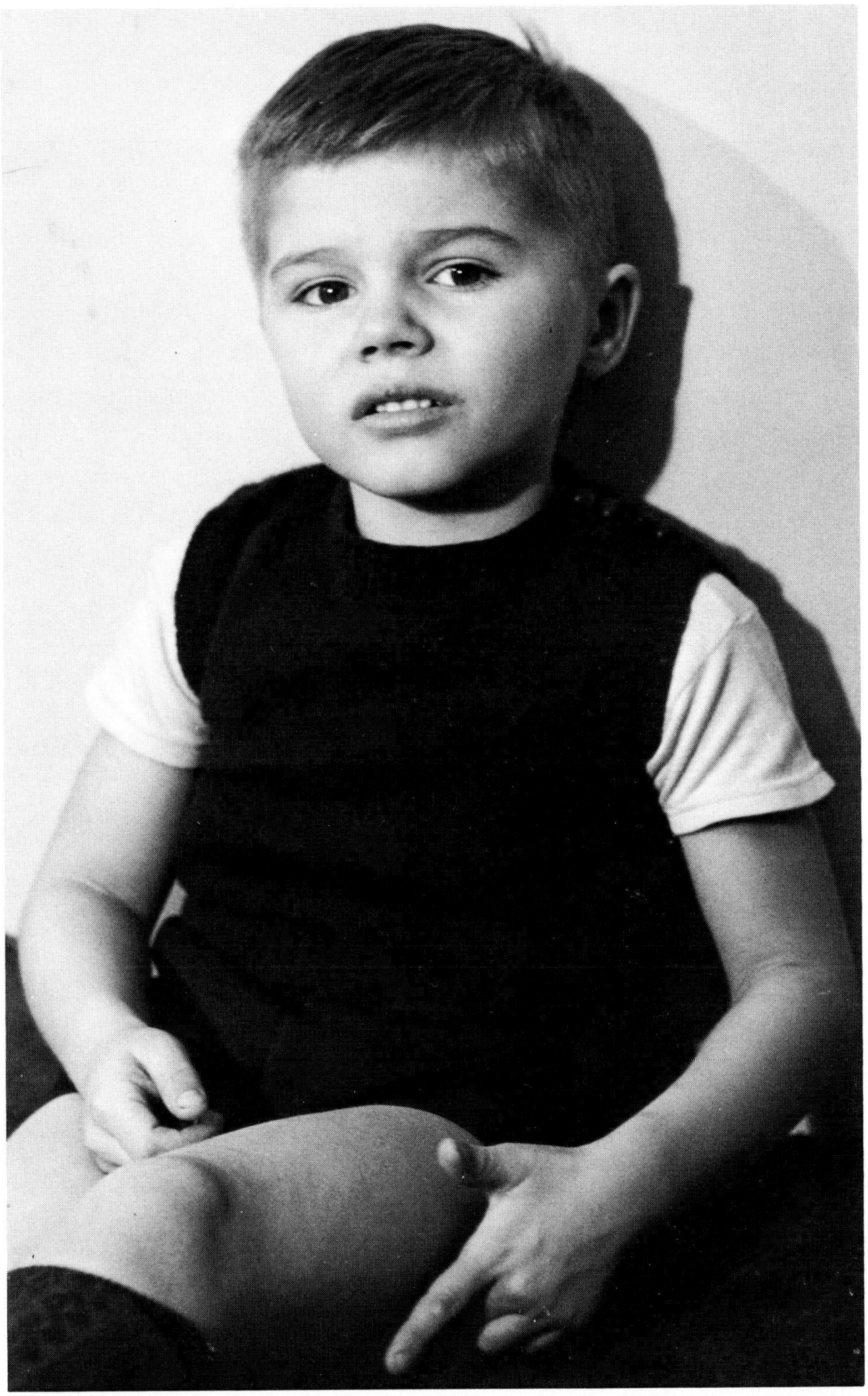

Unterdrückte Wut

Die Augen des sechsjährigen Adam zeigen eine Starre, die wir mit Unglücklichsein assoziieren. Er schaut am Fotografen vorbei zu seiner Familie. Seine linke Hand ist angespannt, und der Zeigefinger deutet anklagend nach vorn.

Es war nicht schwer, herauszufinden, worin sein Unglück bestand. Er war schon sechs Jahre alt, als sein kleiner Bruder geboren wurde, zu alt, um seinen eifersüchtigen, negativen Gefühlen so einfach Luft zu machen, wie es Zweijährige oder Dreijährige können. Es dauerte eine ganze Zeit, bis er seinen unglücklichen Zustand überwunden hatte.

Schmerzen

Selbst wenn Kinder schon sprechen können, kann ihre Körpersprache in manchen Situationen wertvolle Hinweise geben. Angenommen, sie sind hingefallen und weinen so heftig, daß man nicht verstehen kann, was sie zu sagen versuchen. In dieser Situation ist der Gesichtsausdruck normalerweise ein verläßlicher Hinweis auf den Grad der Verletzung. Läuft das Kind normal oder sind seine Muskeln schlaff? Ist der Blick klar oder glasig?

Im Fall der sechsjährigen Alexandra muß man in Betracht ziehen, daß sie ein sehr ausdrucksstarkes Kind ist, ihre Körpersprache ist vermutlich übertrieben. Hier braucht es nur ein wenig Trost, zwei Heftpflaster und eine Umarmung, dann wird sie wieder fröhlich spielen.

Und wie steht es mit der dreijährigen Chrissy? Alles, was sie zu ihrer Mutter sagt, ist »Mami, Mami!«, was nicht sehr aufschlußreich ist, wenn ein besorgter Erwachsener angerannt kommt.

Wenn wir sie genau betrachten, bemerken wir, daß mehr Tränen auf ihrem Kinn als bei ihren Augen sind. Obwohl sie bitterlich geweint hat, kann man vermuten, daß jetzt keine Tränen mehr fließen.

Sie sitzt in einer normalen Haltung da und lehnt sich entspannt an ein Polster. Nach einigen Küssen kann die Mutter wieder an ihre Arbeit gehen.

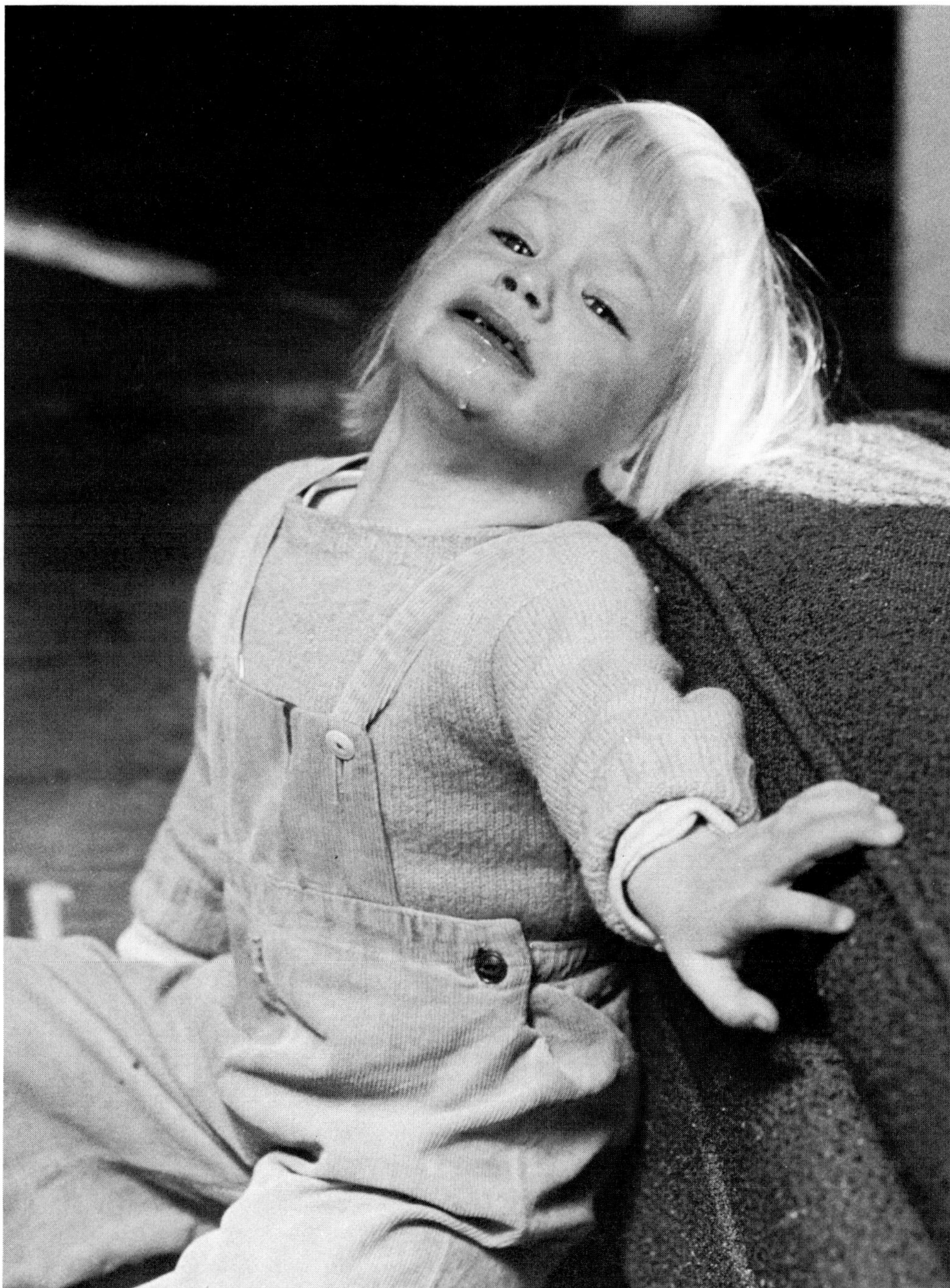

Strafe

Peter, fünf Jahre alt, hat Stubenarrest. Er ist davon so entmutigt, daß seine Gesichtsmuskeln erschlaffen. Er scheint eines jener sensiblen Kinder zu sein, die eine solche Isolation – wie kurz sie auch immer sein mag – nur schwer ertragen können. Sein Blick ist niedergeschlagen; ein Wort übrigens, das unmittelbar der Körpersprache entspringt.

Langeweile

Der sechsjährige Morgan drückt seine Langeweile aus, indem er sich hängen läßt. Ruhig und ernst ist er halb aus dem Sessel gerutscht. Mit einer Hand zwickt er die Haut auf dem Rücken der andern. Unglücklichsein drückt sich häufig in solchen Bewegungen aus: an einer Haarsträhne ziehen, Nasebohren, an einer verschorften Wunde kratzen, bis sie blutet.

Maureen, acht, ist zuhause und hat niemanden zum Spielen. Ihr fällt gar nichts ein, was sie gern tun würde, und sie sagt, sie langweile sich. Sie beißt sich auf die Lippe und guckt starr geradeaus. Ihre linke Hand scheint den Schlüssel zu ihren Gefühlen zu geben: Die Handfläche zeigt nach oben, was normalerweise anzeigt, daß sie jemanden bittet, ihr etwas zu geben, daß sie sich leer und bedürftig fühlt.

Ausgeschlossen sein

Zwei oder mehr Menschen benutzen Körpersprache oft bewußt oder unbewußt, um andere auszuschließen. Sie wenden ihnen den Rücken zu, formen ein geschlossenes Dreieck mit den Beinen oder neigen sich einander zu und von dem Ausgeschlossenen weg.

Die beiden Fotografien zeigen Kinder die auf offensichtliche Weise ausgeschlossen werden.

Die beiden älteren Mädchen tauschen Geheimnisse aus und schließen die vierjährige Darrell davon aus, indem sie sich zueinander hin- und von dieser wegwenden. Weil sie darüber unglücklich ist, krümmt Darrell die Schultern, zieht die Mundwinkel nach unten und starrt die beiden anderen an. Noch vor wenigen Momenten war sie glücklich, weil sie beim Apfelpflücken mitmachen durfte. Nun ist sie verstimmt und fühlt sich alleingelassen, weil sie ignoriert wird.

Dazugehören wollen

Für ein Kind, das in seinem kurzen Leben schon viel Kummer und Ablehnung gespürt hat, ist es schwer, Vertrauen zu seinen Mitmenschen zu entwickeln.
Als Bobby, acht Jahre alt, eine Gruppe bemerkt, die in das vertieft ist, was der Betreuer ihr zeigt, bleibt er einige Meter davor stehen, anstatt sich anzuschließen. Er wird übersehen, und deshalb steht er einfach da und sehnt sich danach, dabei zu sein. Die rechte Hand spricht Bände: Die Finger sind gestreckt, die Handfläche zeigt nach oben, es ist die klassische Geste von Bettlern. »Bitte . . . gebt mir . . .«, scheint sie zu sagen.

GLÜCK

Fast alle Kinder werden mit der Anlage zum Glücklichsein geboren. Ihre frühen Erfahrungen mit Liebe und Sicherheit befähigen sie dazu, auch mehr oder weniger glücklich zu bleiben.
Es gibt vielfältige Ursachen für das Glück von Kindern: Liebe, Nahrung, sinnliche Erfahrungen (z. B. mit Sand und Wasser), Bewegung, Freunde. Welches auch immer die Ursache ist, glückliche Kinder drücken sich in praktisch identischer Körpersprache aus.
Die meisten glücklichen Kinder lächeln, alle scheinen sehr geschmeidig in ihren Bewegungen zu sein, sie bewegen sich ohne Eile. Die Winkel des geöffneten Mundes biegen sich nach oben, die Stirn ist klar, die Pupillen sind nicht selten erweitert. Die Körpersprache des Glücks besteht auch in der *Abwesenheit* von Zeichen, die Unglücklichsein charakterisieren.

Edward ist erst fünf Tage alt und auf dem Weg vom Krankenhaus, in dem er geboren wurde, nach Hause. Offensichtlich genießt er es, im Auto geschaukelt zu werden und im Arm seiner Mutter zu liegen. Sein beglückter Gesichtsausdruck hielt so lange an, daß ich glaube, er spiegelte tatsächlich positive Empfindungen der Entspannung und Behaglichkeit wider und wurde nicht von Vorgängen in seinem Verdauungstrakt verursacht.

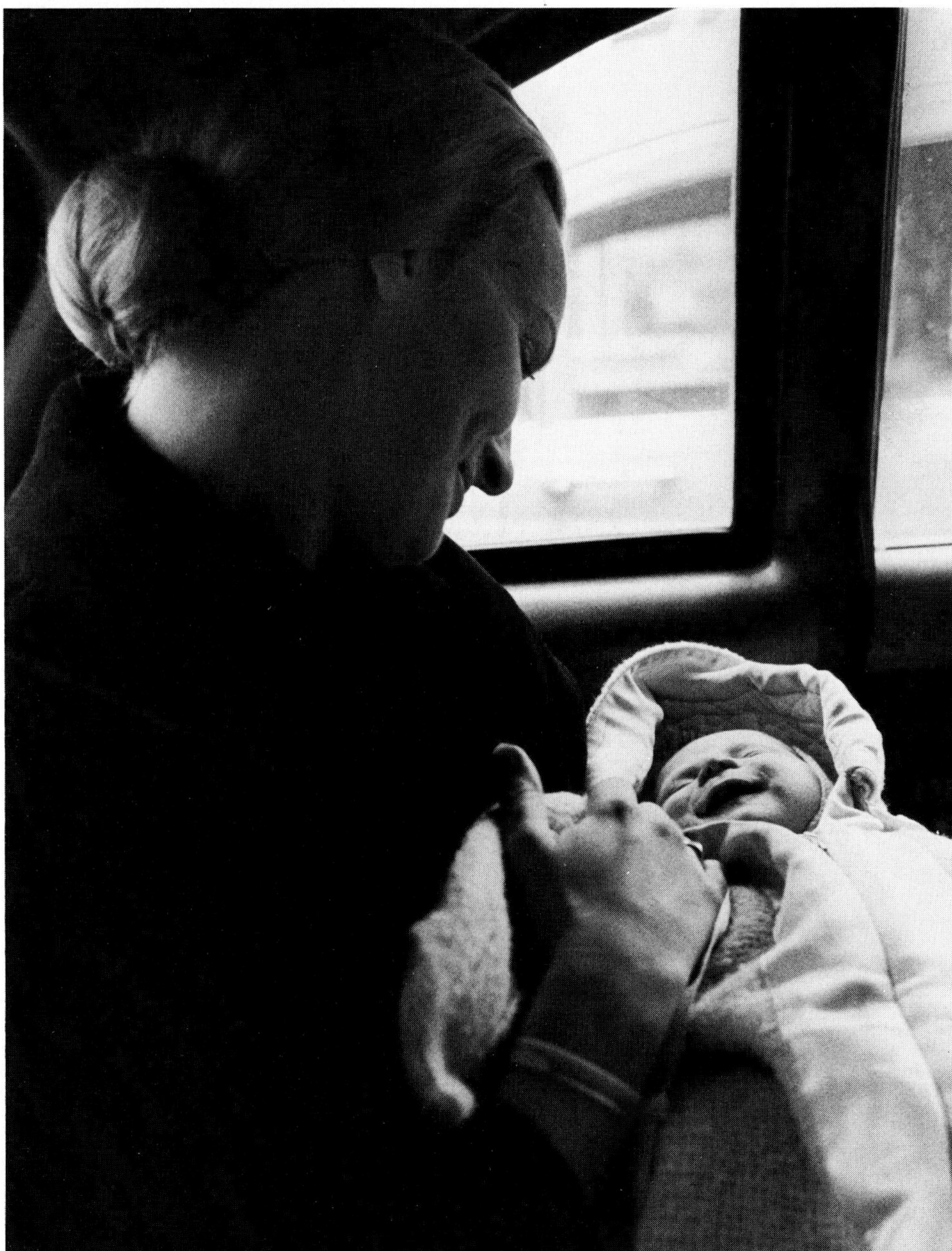

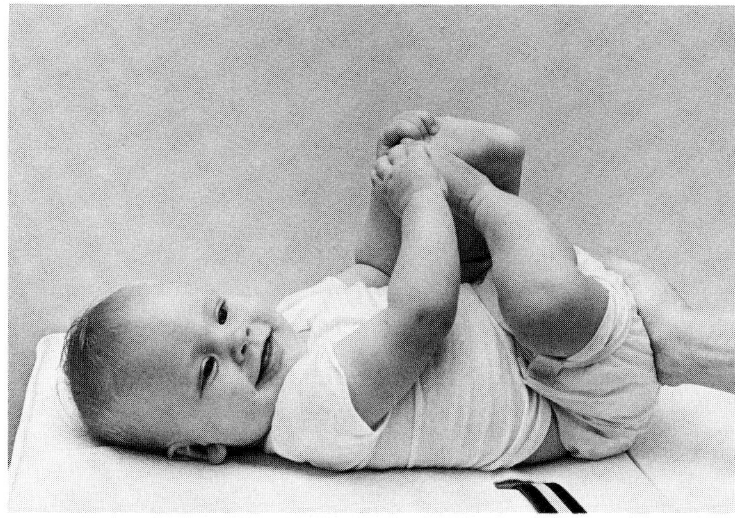

Bewegungsfreiheit ist Glück

Der sechs Monate alte Billy ist gerade gewickelt worden und spielt jetzt mit seinen Zehen, die er vor kurzem entdeckt hat. Seine gerundeten Wangen, der nach oben gekräuselte Mund und der entspannte Körper strahlen Zufriedenheit aus.

In den ersten paar Monaten ihres Lebens können Babies ihren Körper nicht allein von einem Ort zum anderen bewegen. Kein Wunder, daß sie es so genießen, wenn ihre motorische Entwicklung fortschreitet und sie sich frei im Raum bewegen können.

Cindy schwelgt in ihrer neuen Bewegungsfreiheit: mit neun Monaten hat sie jetzt krabbeln gelernt. Ihr Lächeln schiebt die Wangen nach oben und macht sie rund und voll. Vielleicht ist das der Grund, warum wir Rundes mit Glück assoziieren, während nach unten gerichtete Bewegungen Unwohlsein bedeuten.

Wasser ist Glück

Fast alle Kinder lieben das Spiel mit dem Wasser. Ob sie es nun in der Badewanne oder im Spülbecken finden, in einer Pfütze oder einem Teich, bei strömendem Regen oder am großen Meer, sie wollen es berühren, trinken, darin waten. Sarah und Adam (unten) baden überaus gern und würden am liebsten stundenlang im Wasser spielen. Sie lachen, lächeln und spritzen.

Die siebenjährige Kim hat sich in das bewegte Wasser des Meeres gewagt; sie läßt sich vom Wasser kitzeln und liebkosen, wobei das Gefühl der Gefahr das Vergnügen noch erhöht.
Andere Kinder brauchen vielleicht Hilfe, um ihre Furcht vor dem Wasser zu überwinden, aber es lohnt die Anstrengung. Im Wasser und im Sand zu spielen, ist eine Freude, die Kinder mit jedem Muskel ihres Körpers ausdrücken.

Rechts unten unterbricht der neun Monate alte Adam sein zahnloses Grinsen nicht einen Moment lang, während er den warmen Sand am Strand untersucht, ihn zwischen seinen Fingern hindurchrinnen läßt und die köstliche Empfindung verspürt, wie der Sand am Körper klebt.

Fröhlichkeit

Das Essen macht den 18 Monate alten Morgan glücklich, und warum sollte es auch nicht so sein? Es schmeckt, und er ist weder zu dünn noch zu dick.
Früher pflegten Eltern sich Sorgen zu machen, ob ihre Babies auch richtig »gesund und rund« waren.

Heute hat es sich herumgesprochen, daß dick nicht synonym mit gesund ist und daß dicke Kinder vermutlich dicke Erwachsene werden. Deshalb sind die meisten Eltern eher beunruhigt, wenn die Freude am Essen übermäßig groß bei einem Kind ist und wenn es bei jeder Enttäuschung verlangt, mit Nahrung getröstet zu werden.

Der vierjährige Lars (rechts) spielt auf seinem Klettergerüst, und ich throne auf einem Stuhl, um ihn zu fotografieren. Plötzlich kippt der Stuhl, und ich beginne zu rutschen. Zum Glück kann ich mich gerade noch festhalten und auf den Auslöser drücken. Lars findet, daß ich wirklich komisch aussehe, und beginnt lauthals zu lachen.

Schadenfreude ist eine so allgemeine Quelle der Belustigung, daß man sich wundern muß, warum einige Sprachen kein Wort dafür haben. Lacht man nicht oft genug aus Schadenfreude? Zum Beispiel in den Slapstick-Komödien oder im Zirkus?

Glück ist ein neues Kleid – oder gar keins

Die vierjährige Chrissy läuft wie viele andere Kinder den ganzen Tag in Jeans herum. Sie mag die hübschen Kleider ihrer Mutter gerne anschauen und anfassen, dieses Bild aber hält fest, wie sie sich zum ersten Mal über ein eigenes neues Kleid freut. Sie bürstet sich das Haar, damit die Verwandlung vollkommen ist, und bewundert sich im Spiegel. Ihre Haltung ist immer noch die des Wildfangs, der an Hosen gewöhnt ist, aber der Ausdruck ihrer Augen bestätigt, daß es ihr Spaß macht, schön auszusehen.

Chrissy freut sich über ihr Kleid – für die dreijährige Jenny aber besteht das Glück darin, ihres auszuziehen. Ich hatte sie fotografiert, wie sie auf dem Schaukelpferd saß. Dann sagte ich: »Wir sind fertig, Du kannst Dein Sonntagskleid ausziehen.« Daraufhin zog sie sich erstaunlicherweise *vollständig* aus und genoß die Freiheit, nackt herumzulaufen und ihren Körper im Wind und in der Sonne zu baden.

Sie scheint fast schwerelos zu sein, ihre Füße berühren kaum den Boden. Alle Muskeln arbeiten harmonisch, und ihre Haare fliegen. Sie ist glücklich, weil sie etwas tut, das normalerweise verboten ist. In ihrem Alter erwartet man bereits von ihr, am Strand einen sittsamen Badeanzug zu tragen.

Lachen

Manchmal sieht es so aus, als mache die bloße Bewegung Kinder schon glücklich. Laufen, Fahrradfahren, auf Vaters Armen durch die Luft fliegen oder auf einer Schaukel - all diese Tätigkeiten lassen Kinder fröhlich lachen.

Sarah, vier, ist immer in Bewegung, je schneller desto besser. Sie saust auf ihrer Schaukel durch die Luft, wobei sich Schrecken und Jubel abwechseln.
Ihr Gesicht ist schwer zu beschreiben: geschlossene Augen und ein geschlossener, aber trotzdem in die Breite gezogener Mund. Das klingt nicht so, als gehörten sie zur Körpersprache des Glücks. Aber es sind noch mehr Muskeln im Spiel, die alle Gesichtszüge nach oben ziehen und ihr Gesicht ekstatisch aussehen lassen.

Chrissy, sechs, und Margaretta, vier, stehen an einem Platz, wo der Wind ihre Röcke bauscht. Sie finden das Gefühl herrlich und kichern aufgeregt. Ihre Münder sind so weit wie möglich in die Breite gezogen, sie blinzeln und schmiegen sich aneinander. Solche spontanen, glücklichen Momente tauchen im Leben der meisten Schwestern und Brüder auf und bilden ein Gegengewicht zu den Problemen der geschwisterlichen Rivalität.

Herumtoben

Alle Kinder empfinden den Konflikt zwischen dem Wunsch, herumzuschmieren und alles durcheinanderzubringen, und der Notwendigkeit, Sauberkeit und Ordnung erlernen zu müssen. Die fünfjährige Marina ist fast hysterisch vor Freude darüber, daß sie sich selbst mit Farbe beschmiert hat, während sie Ostereier in der russischen Tradition ihrer Familie bemalt hat.

Damit Kinder solchen und ähnlichen Gefühlen Luft machen können, fördern die meisten Kindergärten und Schulen das Malen mit Fingerfarben und das Spielen mit Wasser und Sand. Erstaunlicherweise gibt es in jeder Gruppe eine Anzahl von Kindern, die es nicht wagen, sich schmutzig zu machen. Wenn sie sich schließlich die Berührungsempfindungen beim Gebrauch von Farbe, Kleister und Wasser gestatten, sind ihre Reaktionen oft genauso wie die auf dem Foto.

Bobby und Laurie hopsen fröhlich auf dem Bett herum; ihr Gesichtsausdruck ist ein starkes Argument dafür, Kindern Gelegenheit zu Sport und Gymnastik zu geben, damit sie sich austoben können. Das Resultat ausgiebiger sportlicher Betätigung ist körperliche und geistige Hochstimmung und hat einen starken Einfluß auf eine lebenslange gute Gesundheit.

Wenn Leute tanzen, ist ihr Frohsinn ansteckend, ob es nun Kinder oder Erwachsene sind. Beobachten Sie einmal die Gesichter in einer Volkstanzgruppe: die Augen glänzen, die Münder sind halb geöffnet und die Wangen gerundet. Alle sehen glücklich aus, weil sie es genießen, sich mit der Musik zu bewegen. Dieses siebenjährige Mädchen tanzt nach einer Cowboy-Ballade und spielt dabei die Geschichte nach.

FREUDE
AN DER LEISTUNG

Die Fotos in diesem Kapitel zeigen Kinder, die ihre Freude darüber ausdrücken, daß sie erfolgreich ihren Körper beherrschen, etwas lernen, etwas produzieren oder etwas tun. Wenn die Entwicklungsschritte eines Kindes anerkannt und gelobt werden, wird es dazu ermuntert, neue Fähigkeiten auszuprobieren. Die meisten Eltern sind sich dieses Vorgangs bewußt und applaudieren den ersten Bemühungen ihres Kindes. Im Idealfall würde der gesamte Erziehungsprozeß darin bestehen, die Kinder dazu zu motivieren, immer schwerere Aufgaben zu bewältigen.

Sarah, die erst zwei Monate alt ist, kann jetzt aus der Bauchlage heraus ihren Kopf heben. Es muß herrlich für Babies sein, wenn sie bis zu einem bestimmten Grad kontrollieren können, was sie sehen. Wenn sie sich erst einmal ganz herumdrehen können, wächst diese Freiheit noch.

Mit neun Monaten hat Margaretta krabbeln gelernt und möchte nicht mehr in ihrem Laufgitter eingesperrt werden. Ihre Mutter läßt sie frei herumkriechen, obwohl sie Margaretta dabei mehr im Auge behalten muß. Die Freude auf dem strahlenden Gesicht ihrer Tochter entschädigt sie für die zusätzliche Arbeit.
Kristina und Mary, beide ein Jahr alt, lernen laufen. Sie halten sich an der Hand der Mutter oder einfach in der Luft fest. Ihre Freude über die neue Fähigkeit ist sichtbar in ihrem Lächeln, ihren glänzenden Augen und der harmonischen Muskelkoordination.

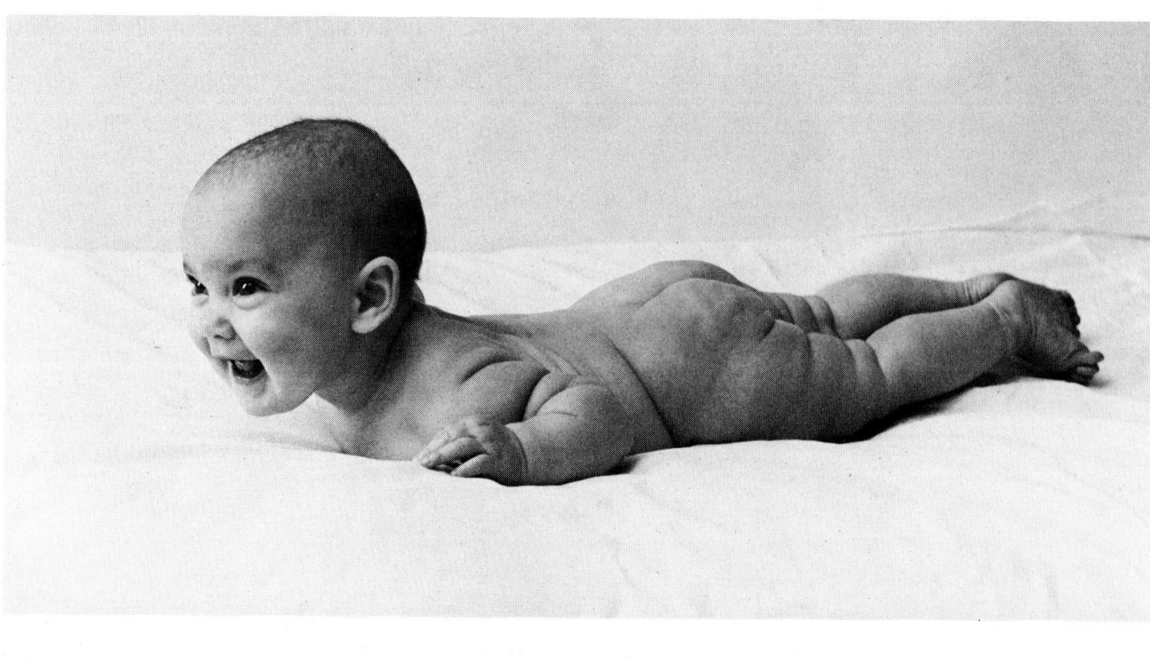

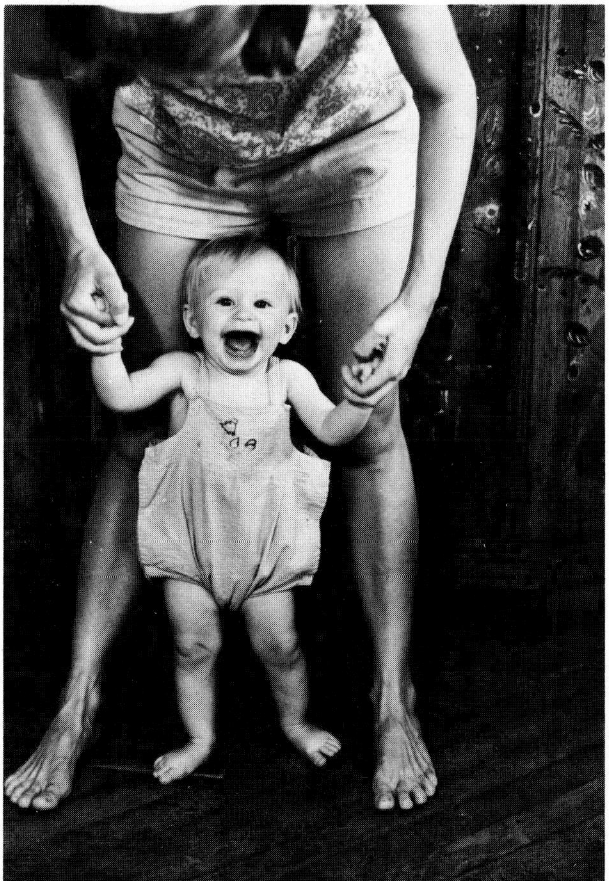

Neue Fähigkeiten

Die zweieinhalbjährige Minty hat gerade *ganz alleine* ihren linken Schuh angezogen. Welche Ausdauer und Geschicklichkeit ein Kind beim Erlernen dieser scheinbar so einfachen Verrichtung aufwenden muß, merkt man als Erwachsener erst, wenn man einmal versucht, sämtliche einzelnen Handgriffe zu beschreiben, die bei der Ausführung dieser kleinen Arbeit notwendig sind.

Die große Pädagogin Maria Montessori hat eine Art Lehrplan entwickelt, mit dessen Hilfe man einem Kind Schritt für Schritt beibringen kann, wie man eine Tür öffnet und schließt, wie man Schuhe und Kleider anzieht, Knöpfe zumacht und Reißverschlüsse benutzt. Kinder sind manchmal enttäuscht, wenn ein Erwachsener nicht erklären kann, wie man eine solche Aufgabe löst, weil er nie zuvor über deren Komplexität nachgedacht hat.

Ich habe Kinder oft sagen hören: »Ich muß meine Arbeit fertigmachen«, wenn sie in Wirklichkeit von ihrem Spiel sprachen. Aber schließlich *ist* Spielen die Arbeit der Kinder, und Arbeit, wenn sie nur richtig angeboten wird, kann zum Spiel werden. Malen macht Spaß, wenn man mit Fingerfarben herumschmieren kann, aber auch, wenn man lernt, eine Wand mit Farbe zu bedecken. Einfache Gerichte zu kochen, einen Kuchen zu dekorieren oder einen Tisch zu schrubben, kann sehr viel Spaß machen.

Im Ferienlager macht sich die sechsjährige Jennifer täglich mit Feuereifer daran, den Raum zu fegen, in dem sie später tanzen und spielen werden.

Der zweijährige Nat hat oft gesehen, wie sein älterer Bruder mit einem Spielzeug spielte, das sich drehte und drehte, wenn es auf bestimmte Weise in Schwung gebracht wurde. Bis jetzt konnte Nat das nicht selber. Unter dem wachsamen Blick seines Bruders (der nicht will, daß sein Spielzeug beschädigt wird) und des Vaters, der genaue Anweisungen gibt, ist es Nat gelungen, das Karussell in Bewegung zu setzen.

Sein Stolz wird nicht nur in seinem lächelnden, nach oben gewandten Gesicht sichtbar, sondern auch in der Haltung seiner linken Hand. Im selben Moment, als sich das Spielzeug zu drehen beginnt, wird aus seiner angespannten Faust ein weit geöffneter »Stern«. Dies ist eine Bewegung, die Zauberer oft verwenden, nachdem sie einen Trick vorgeführt haben, als wollten sie verkünden: »Hier: ich habs geschafft!«

Künstlerische Leistungen

Wenn Kinder künstlerischen Beschäftigungen nachgehen, glühen ihre Gesichter auf eine besondere Weise. Während sie sich ganz ihrer Aufgabe hingeben, werden ihre Körper geschmeidiger, die Bewegungen harmonischer. Sie strahlen ein Selbstbewußtsein aus, das ihr Leben sicher auch bei anderen Gelegenheiten bestimmt.

Zu den ersten Beispielen von Kommunikation durch Körpersprache gehörten primitive Tänze und die dazugehörige rhythmische Begleitung.
Der vierjährige Robin ist Sohn eines Musikerehepaares. Von klein auf hat er gesungen, getanzt und einfache Instrumente gespielt. Er erfindet gern eigene Lieder und singt sie vor, wobei er sich auf seiner Trommel begleitet.

Alexandra lernt in der Schule tanzen. Ohne Regeln herumzutanzen macht auch Spaß, aber eine besondere Faszination liegt darin, sehr genauen, strengen Anweisungen zu folgen und die Tänze richtig ausführen zu können. Es gibt den Kindern ein Gefühl für Disziplin und zeigt, daß eine besondere Befriedigung darin liegt, etwas Anspruchsvolles zu meistern.

Kreativität

Alison, vier, hält sich an ihrem Hocker wie ein Äffchen mit den Füßen fest, damit ihr ganzer Körper an der Erschaffung ihres Bildes teilnehmen kann.

Das Gesicht der fünfjährigen Olivia strahlt vor Freude, während sie malt. Vielleicht ist das nicht nur eine Metapher: Die Haut wird tatsächlich straffer, wenn sich die Wangen in einem breiten Lächeln nach oben schieben, und reflektiert auf diese Weise mehr Licht.

Peach, sieben, beweist, wie stark sie sich mit ihrer künstlerischen Aufgabe identifiziert, indem sie sich in vollkommener Hingabe zu ihrem Bild wendet. Sie nimmt an einem Nachmittagskurs des Museums of Modern Art in New York teil. Am liebsten würde sie jeden Tag kommen.

In kaum einem Klassenzimmer geht es harmonischer zu als dort, wo Kinder nach der Montessori-Methode unterrichtet werden. Maria Montessori erkannte, daß Kinder nicht zum Lernen gezwungen werden müssen, sondern daß sie, wenn man ihnen schöne und aufregende »Spielzeuge« gibt, darum bitten, noch ein paar Minuten länger arbeiten zu dürfen, anstatt in der Pause das Klassenzimmer zu verlassen. Alle Kinder auf diesen Seiten zeigen ihre Freude am Lernen und das Vertieftsein in ihre Arbeit: Sie neigen sich ihr zu, benutzen die Hände, sprechen mit sich selbst, um Aufgaben zu lösen, die manchen Erwachsenen verblüffen würden.

Die Freude am Lernen

Leslie ist erst vier Jahre alt, aber ganz plötzlich hat er entdeckt, daß er lesen kann! Da er eine Schule besucht, in der die Schüler sich ganz frei bewegen dürfen, verbringt er den ganzen Morgen damit, einem Kind nach dem anderen seine neue Fähigkeit vorzuführen.

Viele Kinder können eher lesen als schreiben. Deshalb hat sich die Einführung von Schreibmaschinen in der ersten Klasse für viele Kinder als Hilfe erwiesen. Die Freude der sechsjährigen Selena an ihrer Schreibmaschine wird in ihrem breiten Lächeln, ihren eifrigen Händen und durch die Art, wie sie sich ihrer Arbeit zuneigt, erkennbar.

Diese Fünfjährige strengt alle Geisteskräfte an, um ein kompliziertes mathematisches Problem anzugehen. Vor Konzentration schürzt sie die Lippen, die Unterlippe ist eingezogen, eine Bewegung, die anzeigt, daß sie sehr umsichtig vorgehen will. Ihre Stirn und ihre linke Hand sind entspannt, das zeigt ihr Vertrauen in das, was sie tut. Ihre Rechte nähert sich vorsichtig und präzise den Klötzen, die sie zum Arbeiten braucht.

Ruby, acht, hat es sich im Klassenzimmer bequem gemacht und ihre Schuhe ausgezogen. Sie konzentriert sich auf ihre Aufgaben. Würde sie kritzeln, pfeifen, mit Händen oder Füßen klopfen oder sich zurücklehnen, würden wir die Zeichen ihrer Körpersprache anders deuten und verstehen, daß sie *nicht* daran interessiert ist, was sie tut.

Erfolg in der Schule

Chrissy, die inzwischen schon in die dritte Klasse geht, kommt aus der Schule und nähert sich ihrer Mutter, die sie abholen will. Kann die Mutter feststellen, ob Chrissy einen guten Tag in der Schule hatte? Ich glaube ja, wenn sie die Körpersprache ihrer Tochter versteht.

Wenn sie nur lächelte, weil sie sich freut, daß die Schule aus ist, würde Chrissy ihre Bücher kaum in der Art, in der Bäuerinnen ihre Besitztümer transportieren, auf dem Kopf tragen. Ein Kind, das unzufrieden mit der Schule ist, würde seine Bücher lässiger, vielleicht sogar nachlässig tragen.

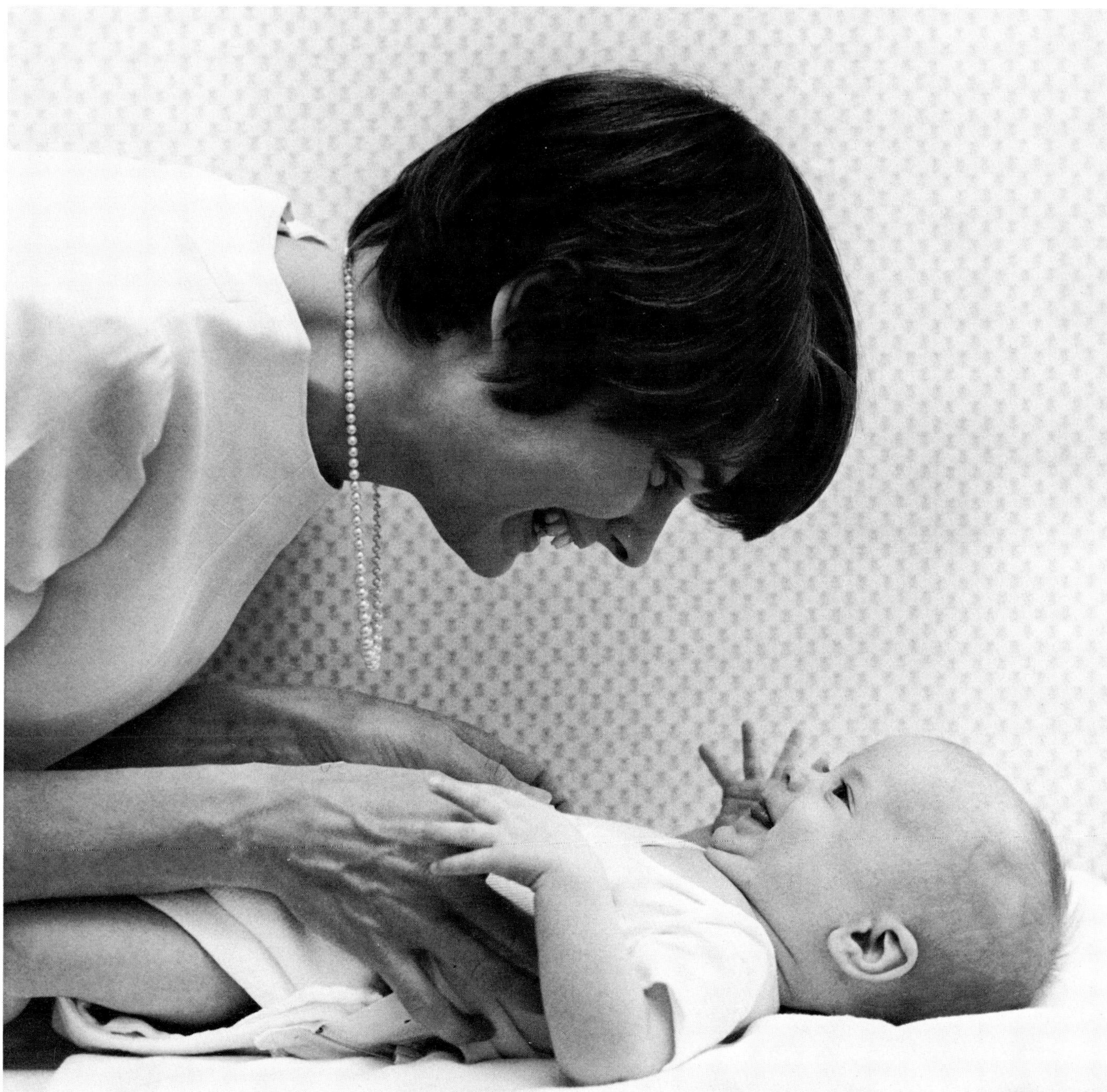

Die Kommunikation mit Kleinkindern, die noch nicht sprechen

Wenn Sie jemals durch eine Kehlkopfentzündung die Stimme verloren haben, werden Sie wissen, wie viel man allein durch Körper- und Zeichensprache ausdrücken kann. Kleinkinder sind Experten darin, die Gedanken, Wünsche und Befehle ihrer Eltern auch ohne Sprache zu verstehen.

Eltern, die es als selbstverständlich hinnehmen, daß Säuglinge und Kleinkinder alles, was ihnen erzählt wird, »verstehen«, erweisen ihren Kindern einen großen Dienst, denn während sie sprechen, übermittelt ihre Körpersprache den Kindern viele Informationen. Die meisten werden von klein auf darauf reagieren, indem sie Geräusche machen oder »gluckern« und den (durchaus richtigen) Eindruck vermitteln, daß sie ihren Eltern antworten. David ist auf diesem Foto erst zehn Tage alt, er verhält sich aber so, als führe er mit seiner Mutter ein verständliches Gespräch.

Ausgestreckte Arme bedeuten: »Komm her!«, und Kinder versuchen, sobald es irgend möglich ist, diese Arme zu erreichen. Der einjährige Jeannot streckt die Hand aus, um zu seiner Mutter zu gelangen.

Der sechs Monate alte Billy hört gern zu, wenn sein Vater singt und sich dazu auf der Gitarre begleitet. Er versucht, auch mitzusingen, auf ganz ähnliche Weise, wie Katzen und Hunde manchmal Geräusche von sich geben, wenn sie Gesang oder Töne hören, die von verschiedenen Instrumenten herrühren.

LERNEN DURCH IMITATION

Es ist wichtig, sich immer wieder ins Bewußtsein zu rufen, wie viel Kinder in ihrem ersten Lebensjahr lernen: mehr als in irgendeinem späteren Jahr ihres Lebens. Der größte Teil beruht auf Imitation, Erraten und aus der Deutung der Körpersprache der Eltern. Es scheint alles Spiel zu sein, tatsächlich aber ist es ein höchst komplizierter und wichtiger Lernprozeß.

Alle vier kleinen Kinder auf diesen Seiten imitieren ihre Eltern: sie klatschen in die Hände, winken, geben Kußhändchen und zeigen, wie groß sie sind. Während die Eltern die Bewegungen vormachen, sagen sie meistens auch, was sie bedeuten. Die wiederholte Verbindung von Körpersprache und Worten *ist* der Weg, auf dem das Kind schließlich sprechen lernt.

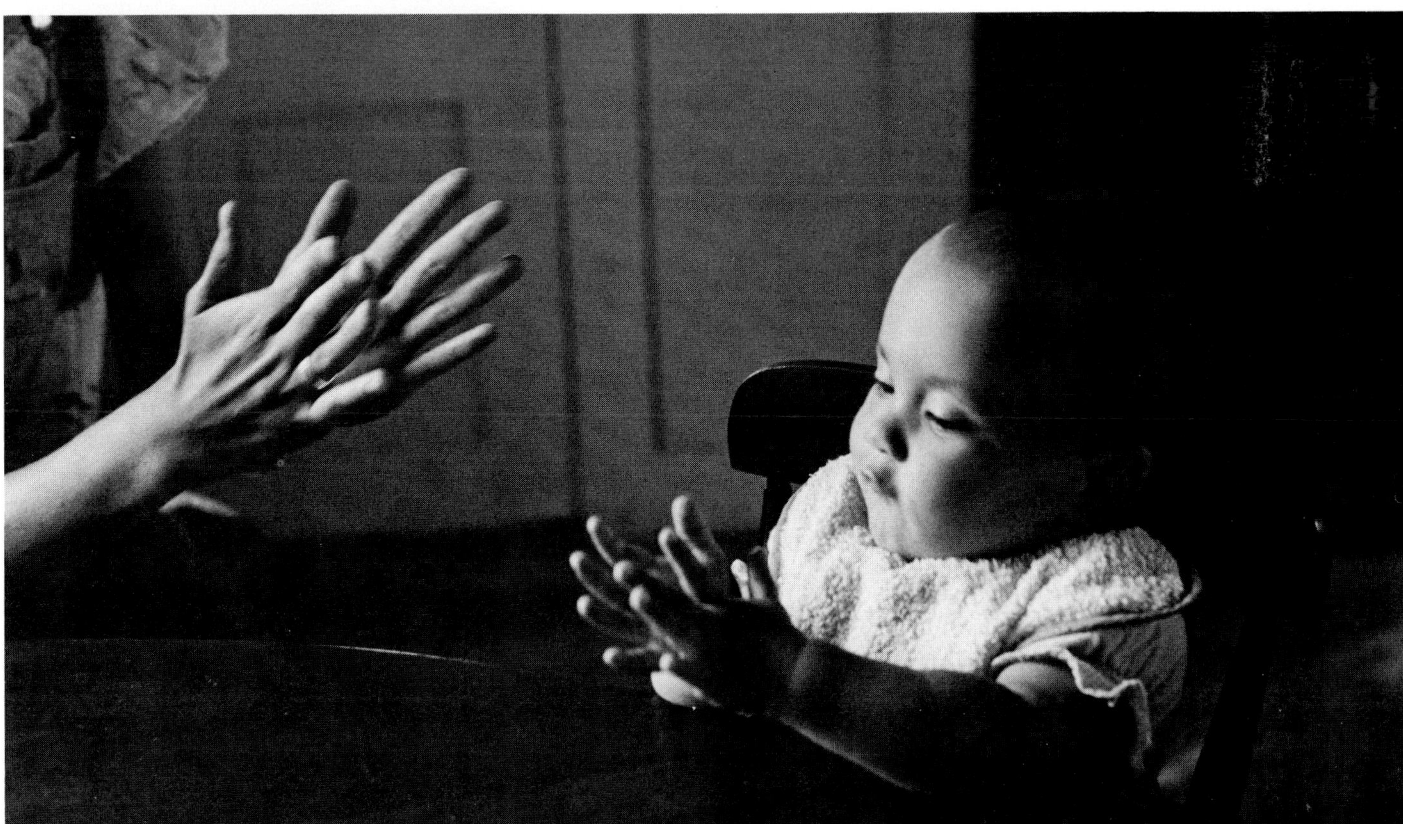

Lernen durch Vormachen

Wenn Kinder sprechen lernen, ist einer ihrer ersten Ausdrücke wahrscheinlich »auch«. Manchmal sagen sie »Johnny auch!« oder einfach »Johnny«, wobei die Arme hoch erhoben werden. Sie wollen alles tun, was sie andere tun sehen. Der zweijährige Johnny »spielt« gern »Klavier« mit seiner Mutter – die beste Vorbereitung dafür, es zu lernen.

Oft ist es lustig, Müttern zuzusehen, die ihre Kleinkinder füttern. Die meisten bewegen unbewußt die Lippen, öffnen den Mund und schlucken nicht vorhandenes Essen, um ihre Kinder zu animieren, dasselbe zu tun.

Die Eltern imitieren

Die meisten Menschen können sich nicht an die ersten Jahre ihres Lebens erinnern. Eltern haben die Chance, diese Jahre durch ihre Kinder wiederzuerleben. Wenn die Kinder Körpersprache und Gewohnheiten der Eltern annehmen, wird dieser Prozeß doppelt faszinierend. Großeltern bemerken oft, daß sich ihre eigenen Kinder, als sie noch klein waren, ähnlich verhielten wie ihre Enkelkinder jetzt.

Der zweijährige Billy kann den Gesichtsausdruck seines Vaters nicht sehen, denn er sitzt auf dessen Schulter. Und trotzdem zeigt ein Foto nach dem anderen, daß seine ererbten und erlernten Gesten die seines Vaters spiegeln.

Kinder beginnen früh damit, Rollen zu spielen. »Ich bin die Mutter und du das Kind«, sagen sie und spielen »Sich-gegenseitig-Füttern-und-Anziehen«. Sie verkleiden sich auch gern mit Erwachsenenkleidern und übernehmen die Rollen ihrer Eltern. Normalerweise imitieren sie den Elternteil des gleichen Geschlechts. Aber auf diesem Foto hat Maureen, fünf, Vaters Jackett und Tommy, sieben, Mutters alten Hut mit Federn und ein langes Kleid angezogen.

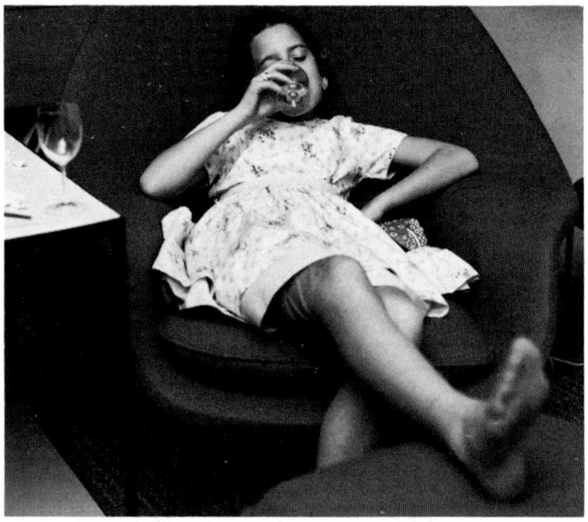

Ein Rollenspiel

Stacey hatte eine interessante Idee für die Feier ihres 12. Geburtstags: Ihre Freundinnen sollten sich als ihre eigenen Mütter verkleiden. Von ihrem Make-up, den eleganten Kleidern und den hohen Hacken inspiriert, begnügten sich die Mädchen nicht damit, *auszusehen* wie ihre Mütter, sondern *spielten* auch *vor,* wie sich in ihrer Fantasie Erwachsenenverhalten ausnimmt. Sie rauchten und tranken viel. Mit den Händen machten sie verlogene und gezierte Bewegungen. Die Unterhaltung drehte sich um Entschuldigungen für abgesagte Einladungen, Beschreibungen neuer Anschaffungen und Klagen über die Kinder. Da ich einige der Mütter persönlich kannte, wußte ich, daß dies keine exakte Beschreibung der Wirklichkeit sein konnte. Trotzdem fragte ich mich, welche Elemente der Realität in den Mummenschanz der Mädchen eingegangen waren.

Sich mit einem männlichen oder weiblichen Vorbild identifizieren

In seinem Buch *Kindererziehung in schwieriger Zeit* schreibt Dr. Benjamin Spock: »Die meisten Psychiater der Vergangenheit lebten in dem Glauben, daß eine eindeutige geschlechtliche Identität - das klare Wissen, man ist ein Mann, man ist eine Frau - ein lebenswichtiges Element der geistigen Gesundheit sei.« Er sei aber zu der Überzeugung gekommen, daß die geschlechtliche Identität keineswegs dauernd durch die Betonung von Unterschieden in Kleidung und Spielzeug oder elterliche Ermahnungen (»Kleine Jungen tun dies, kleine Mädchen tun jenes«) gestützt werden müsse.

Es ist nur natürlich, wenn der fünfjährige Howard von seinem Vater lernt, wie man einen Schlips bindet, während Maria, vier, ihre Mutter nachzuahmen versucht, als diese kunstvoll Lippenstift aufträgt.

Beide Fotos zeigen, wie stark sich Kinder mit dem gleichgeschlechtlichen Elternteil identifizieren. Sie bewegen den Mund und andere Gesichtszüge konform zu dem, was sie bei den Erwachsenen sehen.

Das traditionelle Rollenverhalten befindet sich auf dem Rückzug

Die Wirkungen der Frauenbewegung haben das, was unsere Kinder erleben und lernen, auf vielfache Weise verändert. Dennoch gab es – und oft genug gibt es sie noch – subtile Unterschiede in der Behandlung von Jungen und Mädchen. Jungen werden gelobt, wenn sie etwas *tun,* Mädchen, wenn sie hübsch aussehen. Kinder erleben meistens, daß die Frau zuhause bleibt und alle Hausarbeit tut, während der Vater selten zuhause ist und »irgendwo anders« den Lebensunterhalt der Familie verdient. Dies kann sich nur zum Nachteil sowohl für die Mädchen als auch für die Jungen auswirken, da es sie auf extreme Verhaltensweisen festlegt, anstatt sie aus dem Verhalten von Männern und Frauen jene Elemente wählen zu lassen, die individuell am besten zu ihnen passen.

Der sechsjährige Chris ist hingefallen und hat sich wehgetan. Die Körpersprache seiner Lehrerin, die ihn tröstet, sagt ihm, daß sie Mitleid mit ihm hat und daß es vollkommen in Ordnung ist, daß ein Junge weint, wenn ihm danach zumute ist.

Den Klischees von vorgestern entsprechen die Vorstellungen, die sich der kleine Nat über die Welt der Frauen einerseits und die der Männer andererseits macht, mit Sicherheit nicht mehr. Er beobachtet, wie sein Vater sowohl die Babypflege als auch die Hausarbeit mit der Mutter teilt.

Wenn er etwas braucht, wendet sich Nat ebensooft an seinen Vater wie an seine Mutter. Er kann auch beobachten, wie sein Vater als Hobby schöne Stickereien anfertigt.

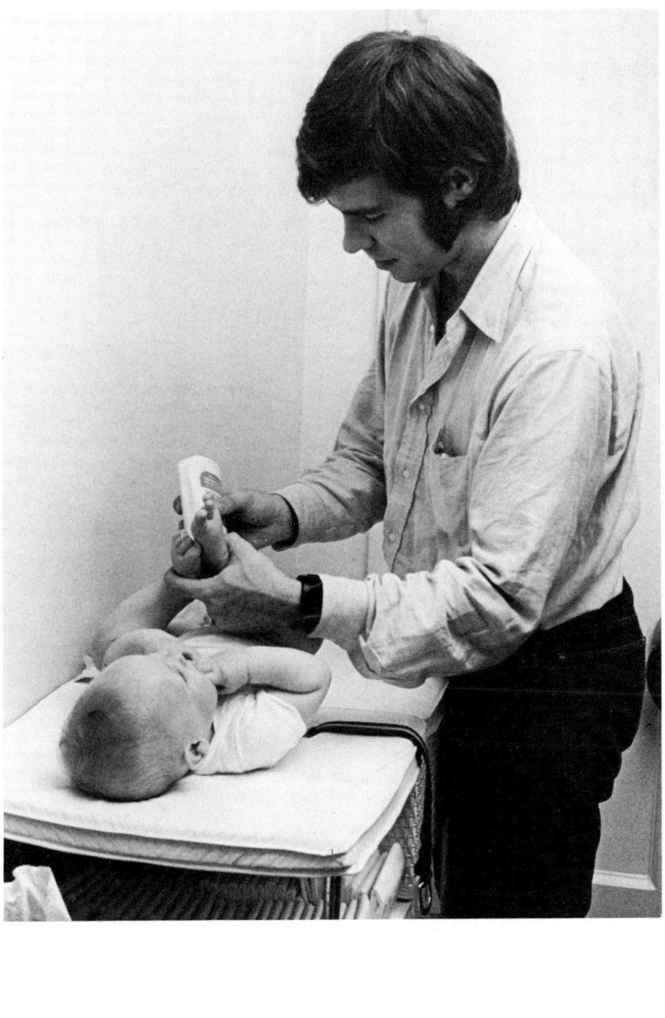

Das Wichtigste aber ist, daß er in einem Haushalt aufwächst, in dem Gleichheit und Partnerschaft nicht bloße Worte, sondern alltägliche Realität sind.

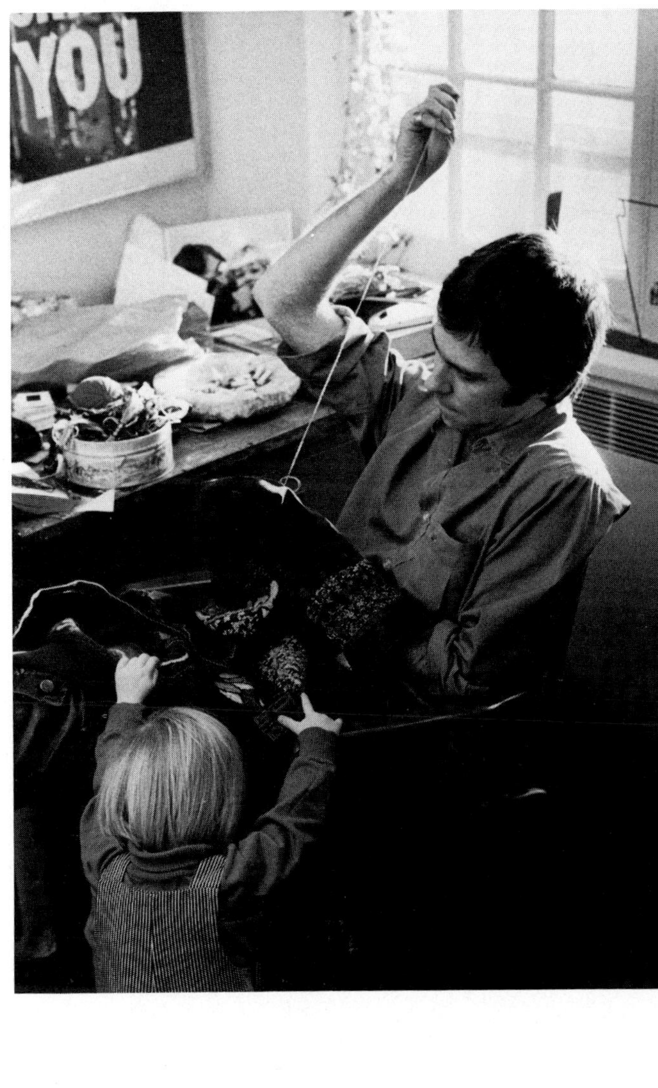

Das Überwinden von traditionellen Verhaltensmustern

Als ich von einer Schule hörte, die sich besonders darum bemüht, Jungen und Mädchen gleichzubehandeln, habe ich um Erlaubnis gebeten, diese Arbeit dokumentieren zu dürfen. Ich verbrachte mehrere Tage an der Woodward School in Brooklyn, New York, und fotografierte, wie Jungen und Mädchen backten, zusammen mit Puppen spielten und putzten, in einer Stunde gemeinsam tischlerten und in der nächsten nähten. Jungen waren stolz auf die Brezeln, die sie gebacken hatten. Mädchen schrieben und spielten ein Stück, in dem sie als Astronauten auftraten. Alles schien so natürlich, daß ich mich nur mit Mühe daran erinnern konnte, daß noch vor kurzem durch alle diese Tätigkeiten eine geschlechtsspezifische Trennungslinie verlief.

Besonders interessierten mich die Bemühungen der Schule, Jungen und Mädchen gleichermaßen mit Bausteinen spielen zu lassen, ein Spiel, das ja bislang Jungen vorbehalten war. In der Art, wie Kinder bauen, sollen sich auch geschlechtsspezifische Unterschiede zeigen: Jungen bauen hohe, phallische Türme auf, während Mädchen niedrige Konstruktionen anlegen, die sie gerne dekorieren, indem sie Dinge hineinlegen.
Wie dem auch sei, dies sind die Fotos, die ich von den Tätigkeiten der Kinder gemacht habe.
Es bleibt abzuwarten, ob die Bauwerke der beiden Geschlechter beginnen werden, sich mehr zu ähneln, wenn Jungen und Mädchen zusammen arbeiten und spielen und die Erwartungen, die Eltern und Lehrer in sie legen, gleich sind.

yeast
MIX
sugar
ADD
salt

KINDER REAGIEREN AUF DIE KÖRPERSPRACHE DER ELTERN

Einer meiner Lieblingswitze erzählt von einem Mann, der sich bei einer jungen Dame beklagt: »Mein Problem ist, daß meine Frau mich versteht.« Vielleicht ist es auch das Problem mancher Eltern, daß sie von ihren Kindern durchschaut werden. Diese unheimliche Fähigkeit entwickeln Kinder, indem sie vom ersten Lebenstag an sensibel auf die Körpersprache ihrer Eltern reagieren. Jeder kennt Geschichten von Säuglingen, die nicht schlafen können, wenn ihre Mutter aufgeregt ist, oder von Vierjährigen, die wegen der Eheprobleme ihrer Eltern plötzlich zu »Problemkindern« werden, während die Eltern überzeugt waren, sie hätten ihre Schwierigkeiten erfolgreich verborgen.

Während die Erwachsenen eine kurze, aber heftige Meinungsverschiedenheit ausfechten, wird die vier Monate alte Amy immer gespannter. Ihre Augenbrauen sind erstaunt und besorgt hochgezogen, sie blickt starr, und die Mundwinkel hängen stark nach unten. Ihre linke Hand bildet eine Faust. Keiner könnte behaupten, sie wäre sich der Geschehnisse und der Atmosphäre um sie herum nicht bewußt und von dem Streit nicht betroffen.

Der achtzehn Monate alte Christopher beobachtet neugierig, wie sich seine Eltern mit einem zärtlichen Kuß verabschieden. In der Art, in der er seinen Kopf hält, liegt Spannung. Wenn Sie sorgfältig hinsehen, können Sie bemerken, daß seine rechte Hand fast besitzergreifend auf der Brust seiner Mutter ruht. Er würde gerne an der Liebkosung teilhaben.

Nicht-verbale Kommunikation

»Jetzt ist aber Schluß! Ich kann das keine Minute länger ertragen!« hat diese Mutter gerade gesagt. Sie hat ihren Ärger und ihre Enttäuschung ehrlich gezeigt, und die Kinder spüren es. Tatsächlich hörten sie bald mit dem Streiten und Schreien auf.

Die meisten Psychologen stimmen darin überein, daß es nicht nur sehr schwer, sondern sinnlos ist, äußerlich »nett« zu sein, wenn man innerlich kocht. Kinder sind hochbegabt darin, Körpersprache zu verstehen und Heuchelei zu durchschauen.

Es ist viel besser, wenn die Kinder lernen, daß Erwachsene ehrlich sind und das sagen, was sie sowieso auf subtile Art ausdrücken.

An dem Tag, an dem die Eltern das Neugeborene aus dem Krankenhaus nach Hause brachten, versuchten sie alles, um ihre zweijährige Tochter merken zu lassen, daß sie sie genauso wie vorher lieben. Während sie für ein Gruppenbild posieren, wenden sie sogar das Baby von ihr weg, damit sie es ignorieren kann. Der Vater lächelt sie an und kitzelt sie am Bauch, die Mutter lächelt auch und lehnt sich zu ihr hinüber. Es nutzt nichts. Denn Betsys Gesichtsausdruck sagt uns, daß sie sich nicht täuschen ließ, sondern genau wußte, daß irgendetwas Wichtiges und Störendes passiert war.

Mit unserer Körpersprache geben wir den Kindern ständig unzählige kleine Signale. Zum Beispiel: Eltern erlauben ihren Kindern, auf einen Baum zu klettern, aber ihre Stirn bleibt gerunzelt; andere sagen »Nimm dir Zeit«, wobei sie ungeduldig mit dem Fuß aufklopfen. Oder sie sagen: »Es ist nicht schlimm, daß dein Zeugnis schlecht ist«, wenden sich aber vom Kind weg und vermeiden es, es zu berühren. Sie könnten ebensogut sagen, was sie wirklich meinen, und damit aufhören, den Kindern widersprüchliche Informationen zu geben, die doch nur Verwirrung und Ängste auslösen.

Praktizieren was man predigt

Einstellungen der Arbeit gegenüber werden ebenfalls ständig und wirkungsvoll übermittelt. Auch wenn sie mit Worten die Heiligkeit der Arbeit predigen, sollten eine Mutter, die mit dem Gesichtsausdruck einer Märtyrerin putzt und kocht, oder ein Vater, der am Wochenende einfach vor dem Fernsehapparat »zusammenbricht«, deshalb nicht erstaunt sein, wenn die Kinder nicht an der Hausarbeit teilnehmen wollen oder nicht lernen.

Die zweijährige Debbie hilft ihrer Mutter gern, die Wäsche in der schönen, frischen Luft aufzuhängen, weil auch ihre Mutter es mit Vergnügen tut.

Wenn Vater und Mutter an körperlicher Betätigung keinen Spaß haben, ist die Aussicht gering, daß die Kinder begeisterte Sportler sein werden. Der Vater des vierjährigen Russel hat seinem Sohn über die Tugenden des Sports keine Reden gehalten. Aber er ist ein athletischer, extravertierter Mensch und hat mit seinem Sohn praktisch von dessen Geburt an getobt. Kein Wunder, daß Russell ein robuster, furchtloser Junge geworden ist, und kein Wunder, daß er es kaum abwarten kann, bis sein Vater nach Hause kommt. Eltern, die es verstehen, Körpersprache wirksam zu nutzen, um ihre Kinder zu verstehen und sie zu unterrichten, werden durch eine bessere Verständigung mit ihren Kindern belohnt werden.

Nachwort

Als ich die Idee für dieses Buch hatte, begann ich, meine Fotosammlung durchzusehen, die Tausende meiner Arbeiten aus den letzten fünfundzwanzig Jahren enthält. Beim Betrachten der Bilder kamen mir viele neue Erkenntnisse, und das wiederholte Auftauchen bestimmter Gesten unterstrich die Universalität und die Wichtigkeit der Körpersprache der Kinder.

Eine Träne kann viele Ursachen haben, aber ich war dabei gewesen und wußte, warum das Kind geweint hatte. Es wurde mir klar, daß ich das kindliche Verhalten nur dann richtig darstellen konnte, wenn ich dem Betrachter auch meine persönlichen Eindrücke und die Informationen mitteilte, die man mir gab.

In einigen Fällen hatte ich die Entwicklung eines bestimmten Kindes über mehrere Jahre hinweg verfolgt, in anderen fotografierte ich die Kinder nur einmal. Besonders schätzte ich die längeren Beziehungen, die zwischen mir und den Kindern entstanden, als ich ihr Leben freimütig dokumentierte.

Wenn ich arbeite, verwende ich soviel Zeit und sowenig Ausrüstung wie möglich, damit die familiären Ereignisse möglichst ungestört ablaufen. Ich lasse die Kinder auf ihre Eltern, ihre Umwelt und die alltäglichen Probleme rcagieren, ohne daß ich meinerseits eingreife.

Aus demselben Grunde benutze ich möglichst auch nur die bereits vorhandenen natürlichen und künstlichen Lichtquellen; werden dennoch Scheinwerfer nötig, dann wird ihr Licht auf die Decke gerichtet, damit es nicht direkt ins Bild strahlt.

Wenn ich sie nicht an einem Regal befestigen kann, rücke ich die Ständer der Lampen möglichst beiseite. Wegen der plötzlichen Bewegungen der Kinder belichte ich grundsätzlich nur 1/60 Sekunde. Da ich die hochempfindlichen Kodak Tri-X Filme verwende, kann ich mit einem oder zwei Scheinwerfern schon Blende 4 oder 5.6 nehmen. Blitzlicht oder Scheinwerfer, welche die fotografierten Personen direkt anstrahlen, verwende ich nie.

Ich finde, daß man ihnen damit ihre Unbefangenheit nimmt. Da meine Bilder nicht gestellt, sondern eher »Schnappschüsse« sind (allerdings erst, nachdem ich meine »Modelle« lange studiert habe), entspricht die gedämpfte Beleuchtung auch der familiären Umgebung.

Ich benutze mehrere Minolta SLR Kameras und Objektive von 35 bis 100 mm Brennweite.

Meine Filme entwickle ich selbst, wobei ich die Lichtwerte meist durch Spezialentwickler (Neofin) oder verlängerte Entwicklungszeit noch etwas verbessern kann. Diese Arbeit erleichtere ich mir dadurch, daß ich *vor* dem Entwickeln notiere, welche Motive auf einem Film sind und ob die Hintergründe extrem dunkel oder hell sind.

Die Kontaktabzüge numeriere und archiviere ich sorgfältig. Ich betrachte sie oft, denn immer wieder konnte ich feststellen, daß die Bilder bei genauem Hinsehen mehr zeigen, als mir im Augenblick der Aufnahme selbst bewußt war. Selbstverständlich erhalten auch die Porträtierten selbst Abzüge. Ich bemühe mich, über Jahre hinweg Kontakt mit ihnen zu halten, damit ich gegebenenfalls auch die Veröffentlichungsrechte erhalte.

Durch die leidenschaftliche Lektüre der Werke von Psychologen und Psychoanalytikern, die ich schätze, habe ich viel gelernt. Durch dieses Wissen und den Kontakt mit den Eltern blieb ich eingestimmt auf das, was *wirklich* im Leben meiner fotografischen Objekte vor sich ging. Denen, die mir erlaubt haben, »meine« Kinder zu lieben und zu verstehen, schulde ich unendlich viel.